大家小小书

篆刻　王兴家

新编历史小丛书

中国拳术

习云泰

著

北京出版集团
文津出版社

作者简介

习云泰，1935年12月生，河北唐山人，北京体育大学首届毕业生，成都体育学院教授，中国武术九段，武道黑带十段。

1995年被评为中国当代"武术十大名教授"。2007年被评为"世界著名武术教育家""世界著名十大武术教授"。2011年被世界文化研究院评为"世界武林泰斗"。2013年被聘为国际功夫联合会荣誉顾问，被四川省武术运动管理中心评为"武术宗师"。2015年获国际武道联盟总部颁发的"世界武林至尊奖"。

前　言

早在远古时代，在人与兽斗、人与人斗中，一旦武器脱手，就要徒手搏斗，如拳打、脚踢、躲闪、扭摔、跳跃等，有时还要空手对器械。这些攻防格斗技能，经过实践检验并能自觉运用时，就是拳术的萌芽。

人们把战斗中运用比较成功的一拳一腿、一摔一擒，通过舞的形式重复着、模仿着、传授着。舞练的这些内容，可能是最早具有格斗意义的动作，但这种动作毕竟是零乱的，没有固定的规格和呆板的程式，动作与动作之间的衔接内容也不固定，而是随心所欲地改变着动作，还没有形成一个体系。

拳术自古以来就受到人们重视。例如，《诗经·小雅》载："无拳无勇，职为乱阶。"《管子·小匡》载，春秋初期，管仲在齐国曾责令各级官吏把善于拳术的人才举荐出来，否则以蔽才论罪（原文为："于子之乡，有拳勇股肱之力，筋骨秀出于众者，有则以告，有而不以告，谓之蔽才，其罪五。"）。战国后期的荀子在《荀子·议兵》中也说过："齐人隆技击。"

最早的拳术套路与技击紧密结合，是训练攻防格斗技术的重要手段之一。随着经验的积累，套路技术逐步形成了体系，有起势、收势，中间分趟（路或段），并包括一定数量有势有法的动作，动作与动作之间又确定了一定运动次序。由于有了较定型的套路，才有可能在劲道、节奏、手眼身法步的配合等方面形成各自的风格及不同流派，并形成拳术。

套路自古以来就是练武的重要内容。由于套路便于传授、观瞻、交流，并能吸引更多人练武，因而使民间流行的拳术支派繁衍，流派繁多，异彩纷呈，成了我国人民健身与自卫的珍品。

历代的武术家多善于广撷精彩，熔铸各家练法，独辟蹊径，自成风格，在继承、革新、创造的道路上探索前进，不断创造出新的流派。

拳术内容丰富多彩，种类浩繁，收入本书中的只是其中一小部分，许多拳种还有待于今后继续整理和补充。

感谢为本书写作提供了巨大帮助的四川大学体育学院许庆华、四川天府新区击剑协会会长习龙吟、四川省技巧运动协会习靖琳、四川师范大学体育学院杨文馨。

习云泰

目　录

一、少林拳

达摩创少林拳说，在海内外影响颇大，考其结果，达摩有其人，但不会拳。

菩提达摩简称达摩或达磨（？—528或536），中国佛教禅宗的创始者，相传为南天竺人。达摩之所以被尊为少林的初祖，其唯一根据系《易筋经》托名李靖写的序。序中曰："后魏孝明帝太和年间，达摩大师自梁适魏，面壁于少林寺。一日，谓徒众曰：'盍各言尔所知以，识尔等之功行若何。'众述其进修。师曰：'某得吾皮，某得吾肉，某得吾骨，某得吾毛肤，惟慧可能得吾髓。'……追九年，功毕示化，葬熊耳山脚，乃携只履西归。去后，面壁处碑砌，坏于风雨，寺僧重修之，得一石函，虽无封锁，而百计不能开。有慧可徒曰：'是必胶漆之固也。'熔蜡满注，遂解。众视之，乃藏密经二帖，一名《洗髓》，一名《易筋》，皆天竺国文。"序中署名

"大唐贞观二年三月朔三原李靖药师甫题"，实为后人依据《景德传灯录》而杜撰的。《汉书》载："……师知机不契。是月十九日潜回江北。十一月二十三日，届于洛阳。当后魏孝明太和十年也。寓止于嵩山少林寺，面壁而坐，终日默然，人莫之测。谓之壁观婆罗门。……迄九年已，欲西返天竺。乃召门人曰：'时将至矣，汝等盍各言所得乎？'时门人道副对曰：'如我所见，不执文字，不离文字而为道用。'师曰：'汝得吾皮。'尼总持曰：'我今所解，如庆喜见阿閦佛国，一见更不再见。'师曰：'汝得吾肉。'道育曰：'四大本空，五阴非有。而我见处，无一法可得。'师曰：'汝得吾骨。'最后慧可礼拜后，依位而立。师曰：'汝得吾髓。'"

李靖的序中所谓《易筋》、《洗髓》、得皮、得肉、得骨、得髓，皆由《景德传灯录》脱胎而来，后人逐步牵强附会达摩为少林初祖，不少武术专著也附会其说，以讹传讹。

1915年尊我斋主人的《少林拳术秘诀》、1917年朱鸿寿的《拳法讲义》、1921年出版的《少林拳法图说》、1919年郭浠汾的《中国体育史》、1924年孙禄堂的《太极拳学》，以及1926

年出版的《汤显祖达摩派拳诀》等书，均附会达摩创少林拳之说，使此说弥漫于各武术专著。据考证，在达摩之前，各寺庙僧道练武活动就已颇为频繁，因为宗教在北魏一开始就得到统治阶级保护。例如，《魏书》载："太祖平中山，经略燕赵，所径郡国佛寺，见诸沙门、道士，皆致精敬，禁军旅无有所犯。"太宗继太祖之后，也利用佛教来麻痹人民，极力加以提倡，所以佛教大兴，佛寺日增。世祖时，佛寺势力仍然不断发展，寺中沙门暗中练习武艺，企图倾覆北魏的统治。于是，世祖开始第一次对佛教进行镇压。"帝乃西伐，至于长安。先是，长安沙门种麦寺内，御骝牧马于麦中，帝入观马。沙门饮从官酒，从官入其便室，见大有弓矢矛盾，出以奏闻。帝怒曰：'此非沙门所用，当与盖吴同谋，规害人耳。'……诏诛长安沙门。"（见《魏书·释老志》）。法庆起兵，实质上是农民反抗北魏政权，统治者调用了10万以上兵力，才击败了法庆，可见佛寺中会武艺的人确实不少（见《魏书·京兆传》）。太平真君五年（444）禁"私养沙门"。六年（445），盖吴聚众反于杏城，与盖吴同谋的有长安沙门、薛安都等。七年

（446）"诏诸州坑沙门，毁诸佛像"（见《魏书·世祖本纪》），不少和尚被杀。

统治者禁止和尚练武，而他们却在寺庙中尽情享乐，把练武作为斋后消食的活动。《续高僧传》载："耶舍北背雪山。南穷师子。历览圣迹，仍旋旧壤。乃睹乌场国主，真大士焉。自所经见，罕俦其类。试略述之。安民以理，民爱若亲。后夜五更，先礼三宝。香花伎乐，竭诚供养。日出升殿，方览万机，次到辰时，香水浴像。宫中常设日百僧斋，王及夫人，手自行食。斋后消食，习诸武艺。"可见，练武除能掌握攻防技能外，人们还认识到练武有斋后消食的强身作用。

南北朝时，先于少林寺而建的各寺庙的僧人中练武者颇多，因不少沙门来自会武的劳动人民，练武在当时不足为奇，但少林寺达摩会拳之说，确系伪造。

少林寺在嵩山少室山。嵩山在洛阳东南，少室为嵩山之最西峰。《元和郡县志》关于河南道登封县载："嵩山在县北八里，亦名外方山。东曰太室，西曰少室，嵩高总名，即中岳也。山高二十里，周回一百三十里。少室山在县西十里，高十六里，周回三十里。颍水源出焉。"建少林寺时间，《魏书·释老志》载："少林寺始建于后魏太和十九年。"唐代裴漼的《少林寺碑》载："少林寺者，后魏孝文之所立也。"

《景德传灯录》载："跋陀，天竺人，一称佛陀，学务静摄，博通经法。孝文帝一见敬隆诚，至及定都伊洛（洛阳），敕设静院居之。陀性爱幽栖，林谷是托，屡往嵩岳，拟谢人世。未几，帝敕就少室山为之造寺，今之少林是也。"《太平寰宇记》载："少林寺，后魏孝文太和十九年立。西域沙门号跋陀，有道业，深为高祖所敬信。制于少室山阴，立少林寺以居之，公给衣供食。"当时为佛陀或称跋陀建寺，并不是指为达摩建寺，建寺时间应为北魏孝文帝元宏太和十九年（495），此时达摩并未来河南，但寺内佛陀倡导禅法，已有徒众数百人。大约在魏宣武帝元恪时，南天竺僧菩提达摩才自梁国来到洛阳。《神僧传》载："达摩……与帝语，知机不契，遂去。梁折芦渡江，止嵩山少林寺，经日面壁而坐，九年形入石中。"以上诸书，都没有达摩会拳的记载，甚至在《旧唐书·神秀传》中也没有这种记载，此书载："昔后魏末，有僧达摩者，本天竺王子，以护国出家，入南海，得禅宗妙法，云自释迦相传，有衣钵为记，世相付授。达摩赍衣钵，航海而来，至梁，诣武帝。帝问以有为之事，达摩不说。乃之魏，隐于嵩山少林寺，遇毒而卒。"

达摩宣讲的禅法是唯心主义的"理入""行入"等修养方法。"理入"就是"壁观"，也就是教人静坐，去体认"无自无他，凡圣等一"的道理。"无自"就是否认个人存在。"无他"就是否认客观世界存在。"行入"是指"报冤行""无所求行""称法行"等一类的教修养法。达摩在中国生活了40多年（估计达摩死的时间在6世纪20年代）。他的禅学经过长期宣传和讲授，成为佛教的一个独立派别，对后世有一定影响。

11世纪初才编出的《景德传灯录》却说达摩在后魏孝明帝太和十年（486）十一月二十日"届于洛阳"，其后即"寓止于嵩山少林寺"，"面壁而坐，终日默然"。到太和十九年（495）丙辰十月五日，达摩乃端居而逝。这样，他在少林寺面壁时间恰好为9年，成了后人传说附会的时间依据。其实，《景德传灯录》这段记载是经不起推敲的。首先，太和是北魏孝文帝的年号，并非孝明帝元诩的年号。其次，据《太平寰宇记》载，嵩山少室的少林寺是拓跋宏在迁都洛阳的同一年（即太和十九年，495）为来自天竺的佛陀建的寺。达摩是在太和十年（486）来洛阳的，这时还未建寺，达摩怎能"寓止于嵩山少林寺"呢？再说太和十九年（495）少林寺新建成时，已是《景德传灯录》所谓的达摩"端居而逝"的时候，面壁9年更无从说起了。佛陀迁入少林寺后，"公给衣供食"，各地之僧闻风而来，常达数百人之多。这里指的是佛陀，而不是达摩。

根据各种文献记载，北朝时少林寺还没有以武显于世。该寺在北周武帝废佛时被毁，静帝大象（579—580）重建后改名"陟岵寺"，隋文帝时（581—604），敕复原寺名。以后在漫长岁月中，少林寺会武之人颇多，逐渐形成少林拳系。少林寺下层佛陀多来自人民，有的入少林寺之前就会武艺，入寺后会武之人又互相传授，特别是少林寺僧众逐渐吸收、继承了前人练武的经验并有所发展，所以少林拳才誉满天下。

《太平广记》载："少林武僧，著称于北齐者有僧稠禅师，能跃首至梁，引重千钧，拳捷骁武。"以后，少林武显，于隋末参加"拒贼"，在唐初帮助征王世充，此二事皆见唐代裴漼的《少林寺碑》："大业之末，九服分崩。群盗攻剽，无限真俗。此寺为山贼所劫，僧徒拒之，贼遂纵火焚塔院。院中众宇倏焉同灭。"此后，李世民与王世充作战，也曾要求少林寺僧为其所用。少林寺僧志操、惠玚、昙宗等都参加了作战。"寺西北五十里有柏谷，墅群峰，合沓深谷。逶迤复磴缘云，俯窥龙界，高顶拂日，傍临鸟道，居晋成坞，在齐为郡，王世充僭号，署曰辕州。乘其地险，以立烽戍，拥兵洛邑，将图梵宫。"当时被封为秦王的李世民和自称郑帝的王世充作战，李世民求助于少林寺，少林寺派僧兵助战活捉了王世充的侄子王仁则，逼降王世充，立为战功。后来李世民当上唐朝皇帝，论功行赏，对僧人志操、惠玚、昙宗等13人封官赐爵。昙宗和尚受封为大将军。13僧余为善护、普惠、明嵩、灵宪、普胜、智守、道广、智兴、满、丰等。

唐末五代，寺渐衰颓。南宋淳祐五年（1245），寺又中兴。到了明代，少林武僧称著者有悟须、周友、周参、洪转、洪纪、洪信、普从、普使、广按、宗擎、宗想、宗岱、道宗、道法、庆盘、庆佘、同贺、铉清等18人。

少林寺作为名刹大寺（图1），有自己的僧兵并不为奇。保护"佛国"的僧兵，崇尚武艺也不为怪，因为"消食化斋"也要练武。但这与达摩创外家拳术毫不相干。后来少林寺僧众练武，应该说是受民间武术传习影响，绝非达摩嫡传。

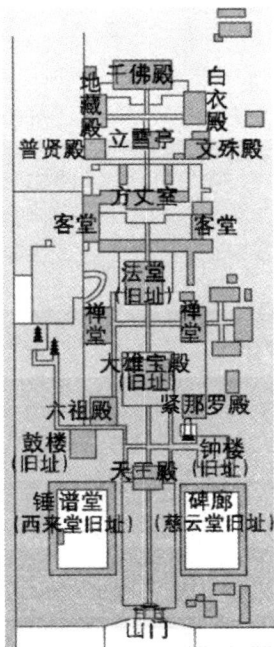

图1　少林寺寺院布局

明代的少林寺僧，普遍习武，正德年间（1506—1521），少林寺已"以搏名天下"（见曹秉仁：《宁波府志·艺术》）。嘉靖三十二年（1553），少林寺武僧参加了江南御倭之战，"骁勇雄杰"，数年屡立战功（见《夏淞倭变志》卷下）。这与少林寺僧平时练武分不开。明人王士性在《嵩游记》中说，"寺四百余僧……武艺俱绝"，演出时"拳棍搏击如飞"。在明代天启五年（1625）立了少林观武碑，碑文记载："智憩招提试武僧，金戈铁棒技层层。刚强胜有降魔力，习惯轻挟搏虎能。定乱策勋真证果，保邦靖世即传灯。中天缓急无劳虑，中义毗卢演大乘。"明代后期的程冲斗在《少林棍法阐宗》中说："少林僧本是以棍法出名的，这棍法乃是紧那罗之圣传。"到了明代后期，少林寺僧众才转而"多攻拳而不攻棍"，其目的要使拳也能够盛行海内，和棍法媲美。他提到少林棍，把似人非人的乐神"紧那罗"抬出来，此说虽荒谬，但也说明到16世纪末叶还没人认为达摩与少林拳有任何关系。至于明末清初少林寺僧众所练拳术，本是从民间引进的，不仅与"紧那罗"无关，也与达摩无关。

清代，少林寺附近民众练武之风仍极盛，对

少林寺武艺的发展也起了促进、借鉴的作用。实际上，附近各地拳术门派汇于一寺，少林寺实际成了武术集散地，并在长期发展中形成少林派。据传少林拳术有套路172种之多（器械除外），并有木刻版拳谱留传于世，放在庙之大殿内。后殿专为练武之用，设有兵器架，架上有大刀、三头叉、双拐、双手带、硬鞭、铲、戟、长矛等各种器械，供随时使用，并有了一些僧人专门练拳护寺，实为专职练拳。由于年复一年练功，后殿砖地表面已磨出脚窝，至今清晰可见。白衣殿南北山墙上有清中期绘制的各种拳势的壁画，有六合拳对练和器械对练，生动记述了寺僧练武情景，突出了少林拳的手眼身法步和攻防要领（图2）。

图2　少林寺白衣殿壁画

清雍正五年（1727）禁止民间教习拳棒的上谕并未禁止民间及少林寺的练武活动，只使人们不甚公开练习罢了。《鸿雪因缘图记》载道光年间的少林寺僧还"讳言不解"拳法，说明此时已转入秘密练拳。

道光八年（1828）三月二十五日，清廷大员麟庆代替巡抚祭祀中岳嵩山的时候住在少林寺，要求看一看"少林校拳"。开始，他问少林寺僧练的拳法，少林寺僧"讳言不解"。接着，他对少林寺僧说："少林拳勇，自昔有闻，只在谨守清规，保护名山，正不必打诳语。"方丈见他没有恶意，才敢选出壮健的武僧在紧那罗殿前表演。他看了之后，认为"熊经鸟伸，果然矫捷"。

违反雍正五年（1727）上谕而仍学习拳棒的人，地方官要逮捕查办，因此在清王朝统治下，民间不得不在深夜里秘密传授武艺，自称是"夜藏行"，以躲避衙役耳目，不被抓去坐牢。

少林寺曾遭三次火焚。最早是隋末；第二次是清康熙年间；第三次是1928年，由于军阀混战，石友三部火烧少林寺40余日，文物尽毁，木刻版拳谱也烧毁无存。但少林拳形成了系统，传布至今。例如，《少林拳术秘诀》一书就总结了不少练功经验。据载，初学少林拳时要先学站桩，以练气下行，认为这不独增长足力，且可免血气上浮，致身体上重下轻。站桩（又名地盆、地盘等）包含八字桩、一字桩、川字桩（又名川字地盆）。

手法，"其渊源不出岳氏之双推"，有牵缘手、缠手、长短分龙手、剪手、斫挑手（又名切手）、托手、插手。掌法，"少林则以骈中食两指为宗法"，有鹰爪掌、柳叶掌、虎爪掌，要求"肩窝吐力、气贯掌心"。

指腕与肘拐，均属练功内容，并在力法上分横力、直力、虚力、实力。

解裁手法有八手：挑手、斫手、拦手、切手、封手、逼手、擒手、拿手。

解裁手法强调"此道有虚实常变之别。明乎此，明乎此而后可以言裁解。何则现名为解裁，必须敌人出实手，而后可以解之裁之，虚则不解与裁也"。从实践中总结出的解裁手法有10种："高来则挑托""平来则拦格""低来则斫切""势猛则乘其势，以猛还之""力强则借力而顺制之""敌力胜于我，则取侧锋而入""敌力弱于我，则踏洪门而进""欲防敌人之足，须注意肩窝""被敌从后突然围抱，可急下半马，先以头向后撞击……倘一击不中，再乘势以足向后踢去，……倘二击不中，则吞一口气，鼓力周身，猛起肘拐""凡与人搏，切不可用手沾实敌人之手或物"。

身法，"为斯道之关键，须于手足之动作，灵通一气，进退有方，趋避得机，起落如式，变化不失其矫捷"。身法有"进退法""左右趋避法"等。

少林拳套路动作简单、朴实有力、击法清楚。

少林寺附近群众所练之地方拳，均称少林拳。所以，少林拳套路甚多，有少林拳（图3）、少林十二式、少林七十二艺、少林虎战拳、少林十字战、少林脱战拳三路、少林罗汉拳三路、少林石头拳等。此外还有小洪拳两路、大洪拳十二路、老洪拳一路、炮拳三路、长拳两路、梅花拳两路、昭阳拳一路、通背拳四路、长护心意门一路、七星拳两路、关东拳两路、青龙出海拳两路、扩身流星拳一路，以及龙、虎、豹、蛇、鹤拳各一路等，有50多种。

器械套路有少林棍法、少林白眉棍法、少林刀、少林双刀、少林十三剑，以及长、短、软、

图3　少林拳（依蔡鸿祥拳照）

硬的十八般兵器等。

技击散打有闪战移身把、心意把、虎扑把、游龙飞步、丹凤朝阳、十字乱把、老君抱葫芦、仙人摘茄、叶底偷桃、脑后砍瓜、黑虎偷心、老猴搬枝、金丝缠法、应门铁扇子等百余种击法。

另外，在福建九莲山也有少林寺，初建于明朝，相传为纪念月空和尚平倭有功而建。反清复明志士万龙云因被清廷通缉，投福建少林寺削发为僧，号达宗，创立佛派洪门拳术。达宗和尚培育和发展洪门子弟，鼓吹反清复明。在他死后，洪门子弟建达宗和尚塔，上写"受职少林寺，开山第一枝"。

二、内家拳

据传内家拳为张三丰所创，此说最早见于明末清初人黄宗羲（1610—1695）的《王征南[①]墓志铭》："有所谓内家者，以静制动，犯者应手即仆，故别少林为外家，盖起于宋之张三峰，三峰为武当丹士，徽宗召之，道梗不得进，夜梦玄帝授之拳法，厥明以单丁杀贼百余。三峰之术，百年以后，流传于陕西，而王宗为最著。"

《王征南墓志铭》作于清康熙八年（1669），说三丰梦中习拳，一个人杀了百余人，其说显然荒诞。几十年后，雍正年间的曹秉仁在《宁波府志》中又以《王征南墓志铭》为史实，重叙张三丰创内家拳说："张松溪善搏，师孙十三老，其法自言起于宋之张三峰。三峰为武当丹士，徽宗召之，道梗不前，夜梦玄帝授之拳法。厥明以单丁杀贼百余，遂以绝技名于世。由三峰而后，至嘉靖时，其法遂传于四明，而松溪为最著。"

《宁波府志》及《异林》都说张三丰为宋时人，常从太守入华山谒陈抟。但《明史·方伎传》却说他是明朝人："三丰，辽东懿州人，名全一，一名君宝，三丰其号也。以其不饬边幅，又号张邋遢。颀而伟，龟形鹤背，大耳圆目，须髯如戟。……三丰与其徒去荆榛，辟瓦砾，创草庐居之，已而舍去。太祖故闻其名，洪武二十四年遣使觅之，不得。后居宝鸡之金台观。一日自言当死，留颂而逝……及葬，闻棺内有声，启视则复活……"死而复活，显系荒诞之谈。最后，又说"或言三丰金时人，元初与刘秉忠同师"。此外，《明史·郑和传》也有成祖访张三丰之记载。这样，张三丰是哪个朝代的人，就莫衷一是了。有的说他是元初人，有的说他是金时人，有的说他是宋时人，还有的说他是明时人。他的籍贯何在，也弄不清了。《明史·方伎传》说他是辽东人，《山西通志》说他是平阳人或猗氏人，《陕西通志》说他是宝鸡人，而《四川总志》则说他是天目人，等等。总之，关于张三丰的说法虽异，但都未说张三丰会拳。隔了几个朝代，在《王征南墓志铭》中始见张三丰"夜梦玄帝授之拳法"的荒诞说法，而且以后还以讹传讹，张三丰创拳之说流传颇广。

内家拳原是古代劳动人民创造和发展起来的，后由明代陕西王宗所继承，"温州陈州同从王宗受之，以此教乡人，由是流传于温州。嘉靖间，张松溪为最著。松溪之徒三四人，而四明叶继美近泉为之魁，由是流传于四明。四明得近泉之传者为吴昆山、周云泉、单思南、陈贞石、孙继槎，皆各有授受。昆山传李天目、徐岱岳。天目传余波仲、吴七郎、陈茂弘。云泉传卢绍岐。贞石传董扶舆、夏枝溪。继槎传柴玄明、姚石门、僧耳、僧尾。而思南之传则为王征南。思南从征关白，归老于家，以其术教授"（见黄宗羲：《王征南墓志铭》）。据黄宗羲之子黄百家记载："王征南先生从学于单思南，而独得其全。"

内家拳的技法是"凡搏人皆以其穴，死穴、晕穴、哑穴，一切如铜人图法"（见黄宗羲：《王征南墓志铭》）。还说内家拳有五不可传，即心险者、好斗者、狂酒者、轻露者，以及骨柔质纯者不可传。内家拳有应敌打法各若干，如长拳滚斫、分心十字、摆肘逼门、迎风铁扇、弃物投先、推肘捕阴、弯心杵肋、舜子投井、剪腕点节、红霞贯日、乌云掩月、猿猴献果、缩肘裹靠、仙人照掌、弯弓大步、兑换胞月、左右扬鞭、铁门闩、柳穿鱼、满肚疼、连枝箭、一提金、双架笔、金刚跌、双推窗、顺牵羊、乱抽麻、燕抬腮、虎抱头、回把腰等。穴法有死穴、哑穴、晕穴、咳穴、膀胱、虾蟆、猿跳、曲池、锁喉、解颐、合谷、内关、三里等穴。

内家拳所禁犯病法有懒散迟缓、歪斜寒肩、老步腆胸、直立软腿、脱肘戳拳、扭臀曲腰、开门捉影、双手齐出等。其练法有"练手者三十五",即斫、删、科、磕、靠、掠、逼、抹、芟、敲、摇、摆、撒、镰、嚣、兜、搭、剪、分、挑、缩、冲、钩、勒、跃、兑、换、括、起、倒、压、发、插、删、钓。步法有"练步者十八",即瓦步、后瓦步、碾步、冲步、撒步、曲步、踏步、敛步、坐马步、钓马步、连枝步、仙人步、翻身步、追步、逼步、斜步、绞花步。

内家拳总的要求都包括在"六路十段锦"中。六路歌诀是:"佑神通臂最为高,斗门深锁转英豪。仙人立起朝天势,撒出抱月不相饶。扬鞭左右人难及,煞锤冲掳两翅摇。"十段锦歌诀曰："立起坐山虎势，回身急步三追。架起双刀敛步，滚斫进退三回。分身十字急三追，架刀斫归营寨。纽拳碾步势如初，滚斫退归原路。人步韬随前进，滚斫归初飞步。金鸡独立紧攀弓，坐马四平两顾。"

内家拳概括起来是"拳亦由博而归约，由七十二跌（即长拳滚斫、分心十字等打法名色）、三十五拿（即斫、删、科、磕、靠等），以至十八（即六路中十八法），由十八而十二（倒、换、搓、挪、滚、脱、牵、缩、跪、坐、挝、拿）。由十二而总归之存心之五字（敬、紧、径、劲、切）。故精于拳者，所记止有数字"（见《内家拳法》）。

从以上具体内容看，此时内家拳既不是太极拳，也不包括形意、八卦拳等拳术。

注释：

①王征南生于明嘉靖年间，死于清康熙年间，王征南之拳从学于单思南。墓志之后再写一段韵文歌颂死者，叫"铭"。

三、太极拳

古人把宇宙叫太极，最初见于《易经》。山西省民间武术家王宗岳首先用《易经》中的太极阴阳哲理来解释拳理，故名太极拳。

关于太极拳的发源，众说不一。例如，有人说是宋代张三丰所创，也有人认为是梁时韩拱月、程灵洗等所创，也有的说是唐时许宣平或李道子所传，并多附以极端荒诞的神话。经过考证，这些说法都是假托附会。

太极拳是在明末清初逐步形成的。《陈氏家谱》载，"陈王廷的武术，在山东称名手"，其遗词有"到而今，年老残喘，只落得《黄庭》一卷随身伴。闲来时造拳，忙来时耕田，趁余闲，教下些弟子儿孙，成龙成虎任方便"。《黄庭》即《黄庭经》，说明太极拳吸收了道家的呼吸导引和理论等。另外，从河南温县陈家沟流传下来的太极拳的动作看，与明代戚继光（1528—

1588）由十六家拳法中总结出来的"拳经三十二势"有关，其中相同的势名很多。在三十二势中，太极拳就采用了二十九势。

戚继光选编了"拳之善者三十二势"，陈家沟拳谱旧抄本上抄了戚继光的《拳经》，同时陈家沟的《拳经总歌》的部分理论也采自戚继光的《拳经》，从而有力地证明陈家沟拳谱采用了《拳经》内容。《拳经》源于民间，并非戚继光所创，因而陈王廷创拳的素材无疑也采自民间。陈王廷是明末清初人，唐豪查陈氏家谱，谱上在"陈王廷"名字旁边注有"陈氏拳创始人"。又据墓碑，陈王廷葬于康熙五十八年（1719），说明他是1719年以前的人。

清代曹秉仁的《宁波府志》载："四明（浙江地名）而松溪为最著……松溪之徒三四人，叶近泉为之最。"陈炎林的《太极拳刀剑杆散手合编》也记载："陕西王宗，温州陈州同，海盐张松溪，四明叶继美，山右王宗岳，河北蒋发相承不绝。其间虽分为南北两派，但拳式原则均不离乎太极。厥后，蒋氏传河南怀庆府陈家沟陈氏。"这证明在明嘉靖时就已有了内家拳，在各地辗转流传，不断改进发展，比陈王廷"闲来时造拳"时间要早得多。

《王征南墓志铭》载，陕西的王宗比嘉靖年间的张松溪还要早，此碑文上说："三峰之术，百年以后流传于陕西，而王宗为最著。温州陈州同从王宗受之，以此教乡人，由是流传于温州。嘉靖间，张松溪为最著。松溪之徒三四人，而四明叶继美近泉为之魁……"

"三峰"系伪造，百年之后的陕西王宗，却有其人。但据唐豪考证，王宗所传拳术系内家拳。内家拳不是太极拳，只能说明内家拳早于太极拳。碑文与前面材料对照，至嘉靖间传于张松溪较为可靠，说明陈家沟拳脱胎于戚氏拳系的三十二势长拳，但晚于张松溪练拳之时，因那时还没有太极拳的名字。只能说内家拳的拳术特点有别于少林拳。《宁波府志》载："盖拳勇之术有二，一为外家，一为内家。外家则少林为盛……内家则松溪之传为正。"明代思想家方以智于永历六年（1652）前著的《东西均》中提出："虚实也，动静也，阴阳也，形气也，道器也，昼夜也，幽明也，生死也，尽天地古今皆二也。两间无不交，则无不二而一者，相反相因，因二以济，而实无二无一也。"中国太极图是我国古代人的一种最原始的世界观，拳术与太极说相结合，逐步形成了太极拳术。

太极拳附会宋代周敦颐的太极图。周敦颐，字茂叔，道州营道人，曾写道："无极而太极，太极动而生阳，动极而静，静而生阴，静极复动，一动一静，互为其根。分阴分阳，两仪立焉。阳变阴，合而生水、火、木、金、土，五气顺布，四时行焉。五行一阴阳也。阴阳一太极也。太极本无极也。"（见《宋史·纪事本末》卷八十）"太"大也，"极"始也。"太极"一词，系古代哲学家对宇宙未产生之前状况的称呼。无极与太极之义相似。所谓"无极而太极"，并非言太极从无极产生，而是"太极本无极"之意。太极拳动作大都呈圆形和弧形，与太极图相似，又因太极拳要求动静、阴阳、虚实等互相转化，配合成为完整、统一的整体，故名太极拳。

太极拳由陈氏支派后来繁衍成武氏、杨氏、吴氏、孙氏太极拳等不同风格的太极拳种。

1. 陈氏太极拳

陈氏太极拳是各太极拳种中出现最早的一

支，河南省温县陈家沟村的陈王廷对创始陈氏太极拳起了重要作用。《陈氏家谱》载："陈奏庭又名王廷，明末武庠生，……陈氏拳手刀枪创始人也。"他生于17世纪初叶。到18世纪末，太极拳分成新架（革新）与老架（正统）两派。前者以陈有本（字道生）为代表，后者以陈长兴（字云亭）为代表，但在风格、行拳姿势及原理上并未发生质变，只是拳架上大小有区别。大架的拳式，手足运转的圈较大，又叫大圈拳。小架的拳式，手足运转的圈较小，又叫小圈拳。陈鑫的《太极拳图说》详述了陈氏历代练拳经验（图4）。

陈氏太极拳（小架）的拳式有金刚捣碓（又名护心拳）、揽扎衣（又名懒扎衣）、单鞭、白鹤亮翅、搂膝拗步、斜行拗步、掩手肱捶、庇身捶（又名披身捶、撇身捶）、背折靠、肘底捶、倒卷肱、闪通背、运手（又名云手）、高探马、擦脚（又名插脚）、击地捶（又名下演手捶）、二起脚（又名二起）、兽头式、小擒拿（又名小擒打）、抱头推山、前招、后招、野马分鬃、玉女穿梭、摆脚跃岔（又名一堂蛇）、金鸡独立、朝天蹬、倒卷肱、十字脚（又名十字靠）、指裆

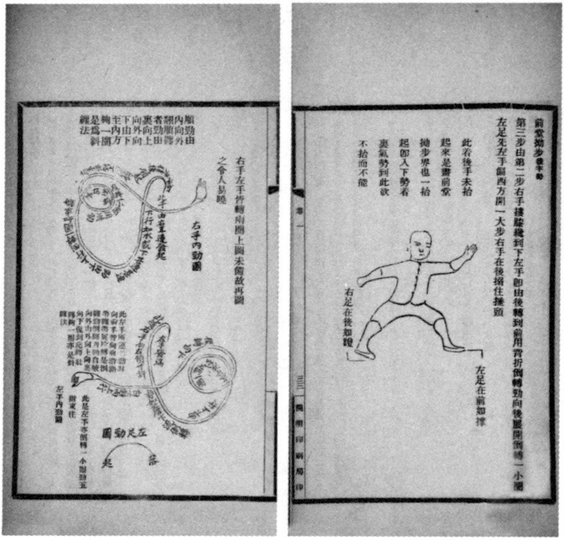

图4 陈鑫的《太极拳图说》

捶、青龙出水、铺地锦（又名铺地鸡）、上步七
星、下步跨虎、转身摆脚、当头炮等诸式。陈氏
太极拳还有一个套路，名曰炮捶，动作比较激
烈，但仍不失太极拳的特点。

　　陈氏太极拳讲究以大圈收至小圈、小圈收至
无圈为登峰造极。

2. 杨氏太极拳

杨福魁（1799—1872），字露禅（禄缠），河北省广平府永年县人，幼时师从河南陈家沟陈长兴学习太极拳。陈长兴是陈氏老架的继承者，他立身中正，不倚不靠，状如木鸡，人称"牌位先生"。杨与李伯魁二人，因不是陈族，居陈家数年所得无几，后发现隔院有哼哈之声，乃破墙壁窥之，见其师教诸徒拿法技术，于是与李伯魁每夜必窥，共同研究，功夫大进。后陈命杨与诸徒决，杨均胜，陈长兴始传其秘术。杨归，学习者甚多，当时称他所教的拳为化拳，或曰绵拳。他后至北京，清代王公贝勒中学习者也颇多，为旗营武术教师。当时因他武艺高超，世称"杨无敌"，从而打破了陈氏太极拳（图5）一花独放的情况。

杨露禅的长子名杨钰（1837年生），字班侯，次子杨鉴（1842年生），字健侯，号镜湖，都自幼随父练功，各有特色。杨钰长于"粘术"。杨鉴则大、中、小3种架子皆备，又善用枪竿，后传其三子杨兆清（1883—1936，字澄甫）。杨兆清幼时不善习拳，年将弱冠，始从父

太极拳主要流派发展参考表

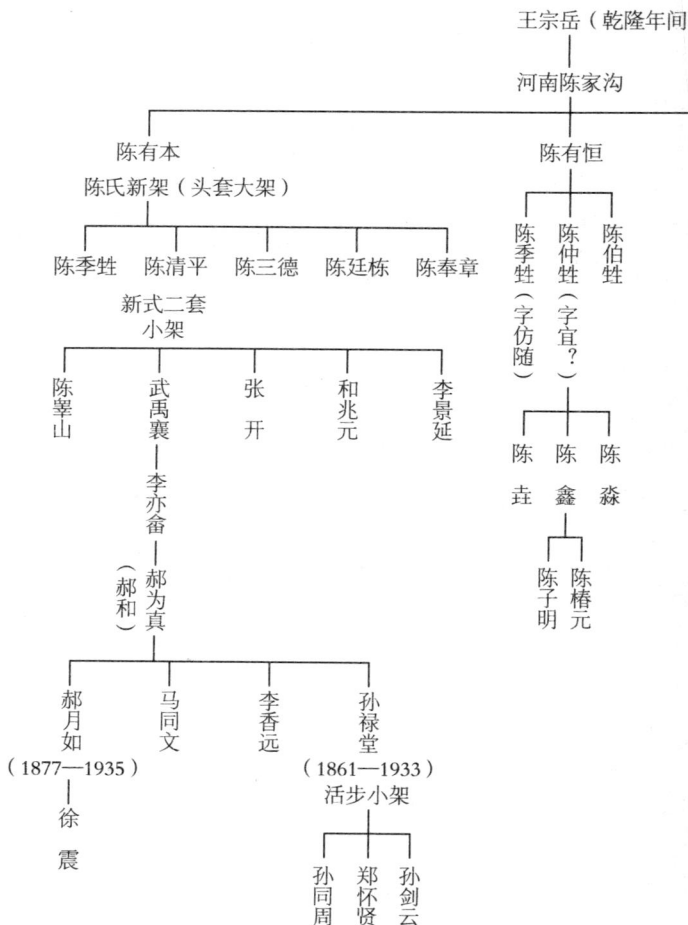

王宗岳（乾隆年间

河南陈家沟

陈有本
陈氏新架（头套大架）

陈季牲　陈清平　陈三德　陈廷栋　陈奉章

新式二套
小架

陈垚山　武禹襄　张开　和兆元　李景延

李亦畲

（郝和）郝为真

郝月如
（1877—1935）

徐震

马同文

李香远

孙禄堂
（1861—1933）
活步小架

孙同周　郑怀贤　孙剑云

陈有恒

陈季牲
（字仿随）　陈仲牲
（字宜?）　陈伯牲

陈垚　陈鑫　陈淼

陈子明　陈椿元

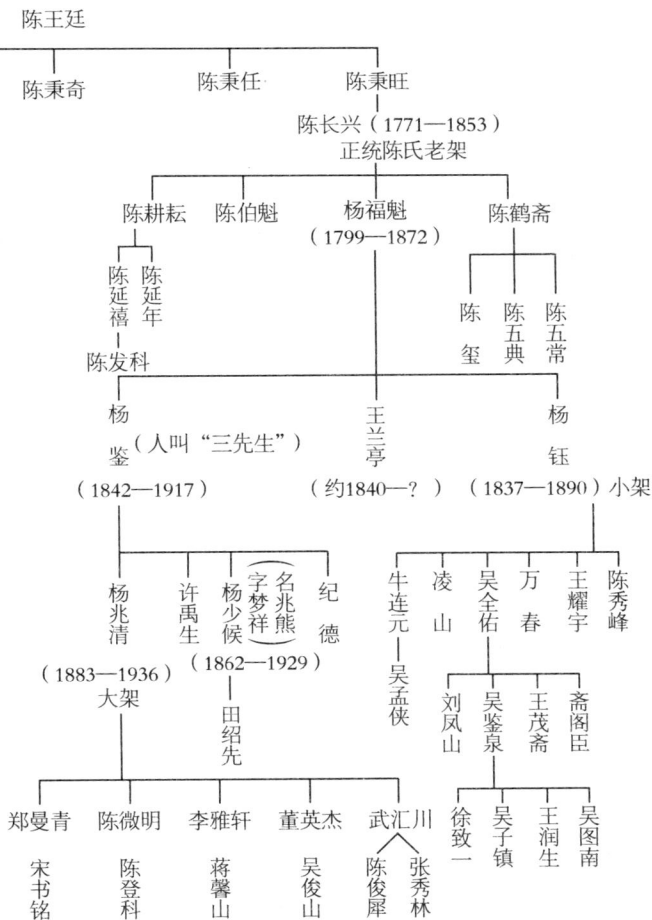

陈王廷

陈秉奇　　　陈秉任　　　陈秉旺

陈长兴（1771—1853）
正统陈氏老架

陈耕耘　陈伯魁　　杨福魁　　　陈鹤斋
　　　　　　　　（1799—1872）

陈延禧　陈延年　　　　　　　　陈玺　陈五典　陈五常

陈发科

杨鉴（人叫"三先生"）　　　　王兰亭　　　　杨钰

（1842—1917）　　（约1840—?）　（1837—1890）小架

杨兆清　许禹生　杨少候（字梦祥 名兆熊）　纪德　　牛连元　凌山　吴全佑　万春　王耀宇　陈秀峰

（1883—1936）大架　（1862—1929）　　吴孟侠（牛连元→吴孟侠）

田绍先

郑曼青　陈微明　李雅轩　董英杰　武汇川　　刘凤山　吴鉴泉　王茂斋　斋阁臣

宋书铭　陈登科　蒋馨山　吴俊山　陈俊犀　张秀林　徐致一　吴子镇　王润生　吴图南

学，其父逝后，日夜苦练，功夫大进。他身材魁梧，动作架势大开大展，逐步形成匀缓、柔和、舒展大方的杨氏大架的风格。

杨氏太极拳的精髓可归纳为"松""沉"两字。"松"是身体放松，让"气"流通无阻。"沉"是下沉，意念集中在腹部。杨氏太极拳的战术有十三势，即掤、捋、挤、按、采、挒、肘、靠、进、退、顾、盼、定。定，指中心平衡。前进后退，指步法。左顾右盼，指眼法。此外还有招架、击退、按、推拉、劈、肘、肩等。杨氏套路有108式、128式、148式、88式、24式等（图6）。

3.武氏太极拳

武禹襄（1812—1880），河北永年县人，约于1851年向杨露禅学陈氏老架，1852年向陈清平学陈氏新架，从而创造了武氏太极拳（图7）。

武氏太极拳既把陈氏新架与老架结合起来，又把杨露禅"大动作"与陈氏"小动作"结合起来，行拳时强调开合虚实，以心行气，以气运身，并重视身法。武禹襄传李亦畬（1832—1892），李传郝为真（1849—1920）。郝从适应

图5 陈氏太极拳单鞭　图6 杨氏太极拳搬拦捶

（依陈小旺拳照）　　　（依杨振铎拳照）

图7 武氏太极拳

（依郝少如拳照）

老年人需要考虑，去掉了一些动作。以后，郝又传孙禄堂。上述这些名家，每人对拳法都做了修改，并以自己的姓氏命名。

武氏太极拳的特点是动作连绵不断，身体挺直，讲究用内气推动身躯，用一臂保护身体半身，手不伸延到脚的垂线外等。

4. 孙氏太极拳

孙禄堂，名福全，号涵斋，河北完县人，为形意拳、八卦掌名家，晚年独打太极。他在50岁时向郝为真学太极拳，并巧妙地吸收了陈、杨、武氏三派之长而创造了架高步活的孙氏太极拳，亦称开合太极拳，共95式。孙氏太极拳姿势多开合，吸收了形意拳理（图8）。

5. 吴氏太极拳

吴鉴泉（1870—1942），河北省大兴县人，满族，自幼从其父吴全佑学太极拳。吴全佑（1834—1902）又在北京向杨露禅学拳。许禹生在《太极拳势图解》里写道："当露禅先生充旗营教师时，得其真传者盖三人：万春、凌山、全佑是也。一刚劲、一善发人、一善柔化。或谓三

图8　孙氏太极拳

（依孙剑云拳照）

人各得先生之一体，有筋骨皮之分。"

　　吴全佑先学杨露禅的大架，后又学杨钰初改的小架，两者互相吸收，传至其子吴鉴泉时，又经数十年的发展，遂形成以柔化为主的一种紧凑、大小适中的拳术，即吴氏太极拳。吴氏太极拳共84式，不仅在国内，而且在美国和东南亚一带也颇为盛行（图9）。

图9 吴氏太极拳

（依吴英华拳照）

四、形意拳

"形意拳相传出于岳武穆。"（见《国术史》，1932年出版）"形意拳乃岳忠武王所创。"（见薛颠：《形意拳术讲义》）形意拳家钱树樵也称："形意拳相传创于宋之岳武穆。"可见，岳飞创形意拳之说流行极广。

岳武穆即岳飞（1103—1142），字鹏举，河南汤阴人，出生在小康的农民家里，但在出世时家道败落，幼时家贫，喜读孙吴兵法，特别爱好武艺。《宋史·岳飞传》载，岳飞"生有神力，未冠，挽弓三百斤，弩八石，学射于周同，尽其术，能左右射"，宣和四年（1122），他应募，"泽（即宗泽）大奇之，曰：'尔勇智才艺，古良将不能过，然好野战，非万全计。'因授以阵图。飞曰：'阵而后战，兵法之常，运用之妙，存乎一心。'"。《宋史·纪事本末》载，岳家军确实武艺高强，连敌人都说："撼山易，撼岳家军难。"张俊问用兵之术，曰："智、仁、信、勇、严，缺一不可。"

岳飞善用枪。《宋史·岳飞传》载：岳飞曾"左挟弓，右运矛，横冲其阵，贼乱，大败之"。《宋史·纪事本末》载："飞单骑持丈八铁枪，刺杀黑风大王，敌众败走。"可见，岳飞擅长的是枪。

宋徽宗宣和四年（1122），正是岳飞19岁的时候。这段正史记载了岳飞从军前的经历，但没有记载过岳飞编过形意拳。岳飞生于公元1103年，只活了38岁。他从军19年，经历了漫长的战乱年代。

岳飞被害后被谥为"武穆"，到宋宁宗时又被追封为"鄂王"。如果说岳飞创有形意拳，则在他昭雪后应仍有人传习。但史料从未有岳飞的儿子岳云和其部将王贵、牛皋、杨再兴等人会形意拳的记载，虽然这些人都以武艺高强而著称。

岳飞的孙子岳珂编著的《金佗粹编》说岳飞"二十从戎，大小凡一百二十战，皆以少击众"，但也没有提及形意拳，可见说形意拳传自宋岳飞之说系出于后人伪托。岳飞是杰出的英雄，有一身好武艺，为人所敬重，故后人多伪托岳飞创形意拳等。

形意拳最早叫心意六合拳，始于明末清初，为姬隆凤所传。今人唐杰光认为"隆凤"是以讹传讹，应为"龙峰"。

清代河南府李佚名、新安王自成等写的《六合拳谱》序中载："拳之类不一，其端不知创自何人，惟六合出于山西龙（隆）凤姬先生。先生明末人也，精枪法，人呼为神。先生谓：'吾处乱世，执枪卫身则可。若处平世，兵刃消灭，倘遇不测，何以御之？'于是变枪为拳，理会一本，形散万殊，拳名六合，前后各有六势。一本者何？心之灵也。万殊者何？形之变也。六合者，心与意合，气与力合，筋与骨合，手与足合，肘与膝合，肩与胯合，是谓六合。前后各六势，一势变为十二势，十二势仍归一势。余从学郑氏，得姬氏传，虽未臻佳境，而稍得其详，分为十则，以诲弟子，不敢云能接姬氏传也。"

姬隆凤，字际可，号龙峰（1642—1697？）。《姬氏族谱》载，其祖籍为山西洪洞，明初迁至蒲城，说他"技勇绝伦，人号神枪"。据传说，他在陕西终南山水开洞采药时见鹰与熊搏斗，遂对创拳有所悟,后伪托在熊洞里得兵书《武穆拳谱》数篇而练成,以增重其拳。

又据传,姬隆凤恐有人偷学拳术,在家务农时,雇短工而不雇长工。河南洛阳马学礼学拳心切,伪装哑巴,经常到姬家乞食。姬见马学礼身强力壮,遂同意雇用。

马学礼到姬家后,偷看姬练拳,夜间偷练3年。后姬隆凤父子发现马练拳,感动了姬隆凤,主动提出再留下学3年,遂成为姬的大徒弟,后传马三元、张志诚等,姬的另一高徒是山西曹继武,传给山西祁县戴龙邦和戴陵邦。河北深州李洛能(字能然)是一个贫苦农民,在山西太谷附近的农村勉强度日,听到附近的戴氏兄弟精于形意拳,与戴龙邦交手失败,遂认戴为师学艺。他几年后学成时年已47岁,以形意拳称著于河北。李洛能授河北刘奇兰、张树德、郭云深、宋世荣,山西车毅斋、江苏白西园及贺永恒等。刘奇兰授李存义、耿继善、赵振标、周明泰、张占魁。郭云深授李魁元、许占鳌、刘勇奇。李魁元授孙福全。孙也是郭云深的再传弟子,著有《形意拳学》《拳意述真》等。张占魁再传姜容樵,著有《写真形意母拳》等。李存义授尚云祥、郝恩光、李山等。

祁县由戴龙邦传下来的一支，至今已历5代人，其中以马二牛、王步昌、岳文忠等人为代表。祁县形意拳不练"三体式"，基本姿势是"六合式""站丹田"。马二牛讲"十二形中没有鼍形，只有猫形"。王步昌讲"十二形中没有十二形，只有十形"，其中去掉了鼍形、鸽形。五趟杂式中一至三趟是螳螂拳的东西，四至五趟是戴家编的。形意拳的老拳谱在1967年后保存于祁县文化馆。祁县形意拳是比较古老的一支。

在山西榆次、太谷流行的形意拳是太谷贾堡村车毅斋从河北李洛能学的，有河北派的特点，其主要拳师有宋铁麟（1885—1978）、布学宽（1876—1971）。新中国成立后，太谷李三元（1914—1977）整理了拳理和技术。

形意拳至今仍以"三体式"为基本姿势，以劈、崩、钻、炮、横为基本拳法，并用五行哲理解释：劈拳似斧属金，崩拳似箭属木，钻拳似闪属水，炮拳似炮属火，横拳似弹属土，以示相生、相克的拳法变化。套路有五行连环拳、五行对打、十二形。十二形是吸收龙、虎、猴、马、鼍、鸡、鹞、燕、蛇、鹰、熊、鸵12种动物或传说中的动物形象和技能而创建的。

五行、十二形都可以只练一种动作，也可以把所有动作连接起来练。五行合起来练，叫进退连环掌。十二形合起来练，叫杂式捶。由于组合形式不同，又有十大形、四把法、八式、十二连捶、八字功、熊出洞、龙虎斗等多种单练拳法。由于动作简单、结构严密、攻防清楚、用力充实、姿势稳固、急速起动，所以形意拳节奏格外分明。对练有五行生克、九套环、安身炮、五花炮、绞山炮、八连捶、三手炮等。器械有凤翅锐、三才剑、连环刀、连环剑、连环棍、六合枪等。拳术与器械都讲"六合""三节""八要"。"六合"分内外：内三合要求心与意合、意与气合、气与力合；外三合要求手与足合、肘与膝合、肩与胯合。"三节"是"梢节起，中节随，根节催"。"八要"是顶、提、扣、圆、抱、垂、敏、捷。击法上讲究斩、截、裹、胯、挑、顶、云、领。

形意拳看似简单朴实，实际上对协调性要求较高。例如，要求做到"七顺"：肩催肘，而肘不逆肩；肘催手，而手不逆肘；手催指，而指不逆手；腰催胯，而胯不逆腰；胯催膝，而膝不逆胯；膝催足，而足不逆膝；首催身，而身不逆首。这种上、下相连，还要求与呼吸等协调配合，以便做到内外合一。从劲力上讲，对爆发力要求较高，分明劲、暗劲、化劲。所谓七疾，即在眼快、思维判断快的情况下，还要手快、脚快、身法快、出势快、进退快。因此，形意拳对培养人们沉着、果断、机智等优良品质有一定作用（图10）。

图10　形意拳

（依李天骥拳照）

形意拳流派发展参考表

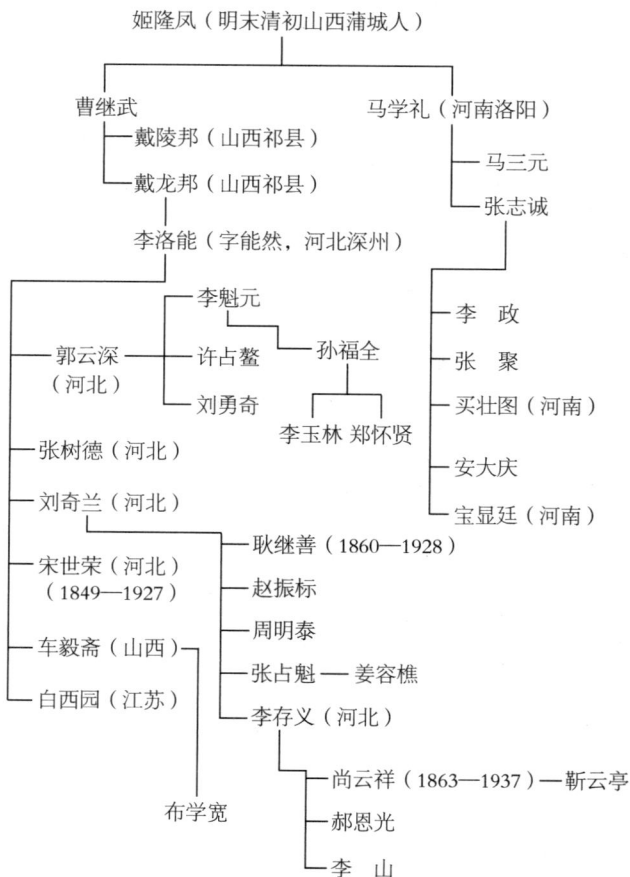

姬隆凤（明末清初山西蒲城人）

曹继武
　　戴陵邦（山西祁县）
　　戴龙邦（山西祁县）

马学礼（河南洛阳）
　　马三元
　　张志诚

李洛能（字能然，河北深州）

郭云深（河北）
　　李魁元
　　许占鳌 —— 孙福全
　　刘勇奇
　　　　　　李玉林　郑怀贤

张树德（河北）

刘奇兰（河北）

宋世荣（河北）（1849—1927）

车毅斋（山西）

白西园（江苏）

李政
张聚
买壮图（河南）
安大庆
宝显廷（河南）

耿继善（1860—1928）
赵振标
周明泰
张占魁 —— 姜容樵
李存义（河北）
　　尚云祥（1863—1937）—— 靳云亭
　　郝恩光
　　李山

布学宽

042

形意拳各流派所练内容

		山　西	河　北	河　南
徒手	单练	五行拳 十　形 八字功	五行连环拳 杂式捶　四把八式 十二连捶	十八形　四把法 十形合　龙虎斗 横开三皇锁 四拳八式等
	对练	九套环 安身炮 五花炮 五行生克	五行炮 安身炮 绞花炮 八连捶 三手炮	心意拳
器械		连环剑 凤翅镋 连环刀 连环棍 六合枪	连环刀 连环棍 连环剑 凤翅镋 心意六合枪	心意杜金棍 弯刀 小镰子

五、大成拳

　　大成拳，原名意拳，为王芗斋（字宇僧，1885—1963）所创编。王系河北深州人，身材高大，瘦弱而文质彬彬，但力大无穷，自幼爱好拳术，清光绪年间，在他14岁时拜本村郭云深为师。郭的师父李洛能曾在山西向戴龙邦学形意多年，郭云深得李洛能的真传。王芗斋拜郭为师，学习了形意拳。形意拳要求做到以形取意，以意象形，意自形生，形随意转，并有龙、虎、猴等十二形拳术，如蛰龙探首、怒虎搜山、白猴斗鹤、惊蛇遇敌等。形意拳模拟动物形象练外功，按"意"设站桩功，以强内气；练时，着重"形"，而轻其"意"（图11）。王芗斋总结了他多年学习形意拳的经验，认为以"意"设站桩功为形意拳的核心和精华，遂在形意拳基础上重"意"弃"形"，强调练"意"并用各种站桩功练内气，而不拘于外形的完美，去掉形意拳的

"形"，而为"意拳"。正如王芗斋的《意拳要点》抄本所载："以形为意，以意为形，形随意转，意自形生，力由意发，式随意从。"

王芗斋成年后，周游国内，走访各名流拳友，相互交流，又学太极、八卦、少林拳术等，于1937年全面抗战爆发前夕在上海教拳，名盛一时。抗战胜利后，他回北京传授拳术。社会推崇王芗斋拳术高超，拳理集古今中外拳术之大成，建议将"意拳"改为"大成拳"，并登报扬其名。他在北京故宫太庙（今劳动人民文化宫）成立了"拳术研究会"，有会员200多人。从1950年起，他改在中山公园教拳，较有名的学生有吴振法、王玉芳、陈海亭等。

图11　大成拳
（依王选杰拳照）

六、八卦掌

关于八卦，最早见于《易经》："两仪生四象，四象生八卦。"八卦掌就是附会八卦说而创编的一种拳术。

八卦为乾、兑、离、震、巽、坎、艮、坤8个方位。八卦掌以一掌表示一卦，共8掌，用此来展示八卦掌变化无穷。

八卦掌创始于何时不详，但在《蓝莩外史》"靖边记"里有这样的记载："嘉庆丁巳（嘉庆二年），有山东济宁人王祥教冯克善拳法，克善尽得其术。庚午（嘉庆十五年）春，牛亮臣见克善拳法中有八方步，亮臣曰：'尔步伐似合八卦。'克善曰：'子何以知之？'亮臣曰：'我所习坎卦。'克善曰：'我为离卦。'亮臣曰：'尔为离，我为坎，我二人离坎交宫，各习其所习可也。'"有人说此系八卦掌的雏形，但也有人说冯牛二人对话中的八卦系指八卦教，而不是八卦掌。八卦教系清代民间宗教之一。此教以中国古代八卦为组织形式，教徒分列八卦，故名。教中有文卦、武卦之分，清康熙年间已有此教。

清道光中期至光绪六年（1880）是八卦掌发展最兴盛时期。当时，北京一带学习八卦掌的人颇多，特别是董海川（1866年开始在北京授拳），是当时传授八卦掌的主要拳师。"董海川，河北顺天文安县人，善习武术，于江淮遇一异人，传以此技"，"向有董海川者，于江皖间遇一异人，传以此技"（见孙福全：《八卦拳学》）。

董海川世居文安县城南朱家坞，生于清嘉庆年间，幼习少林派罗汉拳，以武勇名扬乡里。董尝访友之皖之江南九华山，误入乱山中，遇一道士而从之学打拳、击剑之法，练习导气之功，凡其所传，皆所未闻未睹者。数年后，辞师北归，每与人较艺，已无敌手。后在清肃王府任总教师，授徒多人。府外学艺者亦相继而来。董的大弟子尹福，字寿明，河北冀县人。尹福幼年进京，习剪刀，后沿街叫卖烧饼，并到肃王府出售。识董后，呼其入府学拳，先学罗汉拳及炮捶，后授八卦掌。尹福成师后，居于齐化门外授徒，以牛舌掌分8路，每路8手，共64式。其门人以马贵最著名。董海川的得意门生程廷华，在北京崇文门外以龙爪掌教徒，初手8手掌为母掌，谓之"八式掌"，由8式变64式，其徒孙福全较著名。此外，董的徒弟还有刘凤春、李存义等。1894年，程廷华等共议，合八卦、太极、形意为一家。

孙福全，别号禄堂，字少江，河北（原直隶）完县人，是程廷华的得意门生。"程之八卦，在北方声名籍甚，凡言八卦拳，几无不知眼镜程也。程廷华设一眼镜肆于北京东直门外，红桥道旁立有墓碑，记其一生，后墓碑迁走，故人以此称之。及庚子之役，程为德人所害，其有子有龙，能世其学。其弟子中之名者，以孙禄堂为最，著有八卦拳学行世。"（见《国技论略》，徐哲东著，商务印书馆，1926年）

董海川于光绪八年（1882）85岁时无疾端坐而逝。他的弟子72人（据唐杰光考证应为69人）把他葬于北京东直门外红桥道旁，立有墓碑记述其一生行状。

八卦掌是以单换掌、双换掌为主，另外还

有其余8掌组成的沿圆走转的拳术。每种掌法都包括上下肢、躯干等紧密配合的全身活动。这些掌法除单换掌、双换掌外，还有顺势掌、大蟒翻身、狮子开口、狮子滚球、风轮掌、探掌、大鹏展翅、白猿献果等8掌。

每种掌法，按取势高低又可分上、中、下3盘。两腿微曲，取势较高，为上盘。腿弯约45°为中盘，近90°为下盘。上、中、下3盘又各有原地的和活动的，或称"死步"与"活步"两种。"死步"是随着扣摆等步法，一动一式地完成掌法。"活步"是在走转过程中变换掌法。

每掌都有左右对称的掌法，因此一掌可以化为8掌，8掌又可变为64掌。行步多沿弧形或圆形轨迹进行。在运转过程中演练这8掌和变化出来的掌法，以及掌法与掌法的衔接，既可以事先按套路要求编好，也可以没有固定的动作顺序和安排，而是随心所欲地假想对手动作而产生应变动作。由这些掌法交织变化而成的各种掌法，忽而顺时针走转，忽而逆时针走转，动作在掌法变化时突然加快或快慢相间，姿势时高时低，从而形成鲜明的起钻、落翻的八卦拳术（图12）。

八卦掌也可对练及散打，除拳术外，也有器

械，如八卦刀（亦称八盘刀）、八卦棍等。八卦刀长四尺二寸，重四斤，表演时刀随步活，步随刀转，走穿回转，宛如游龙（图13）。

八卦掌的突出特点是动作灵活、迅捷，即所谓"起如风，落如箭，打倒还嫌慢"。由于方法迅捷、灵活，身法上表现为圆形、滑形，擦着对方身子转，对培养灵活性、稳定性有显著作用。

图12　八卦掌
（依沙国政拳照）

图13　八卦刀
（依刘志清拳照）

八卦掌发展参考表

董海川（1797—1882）

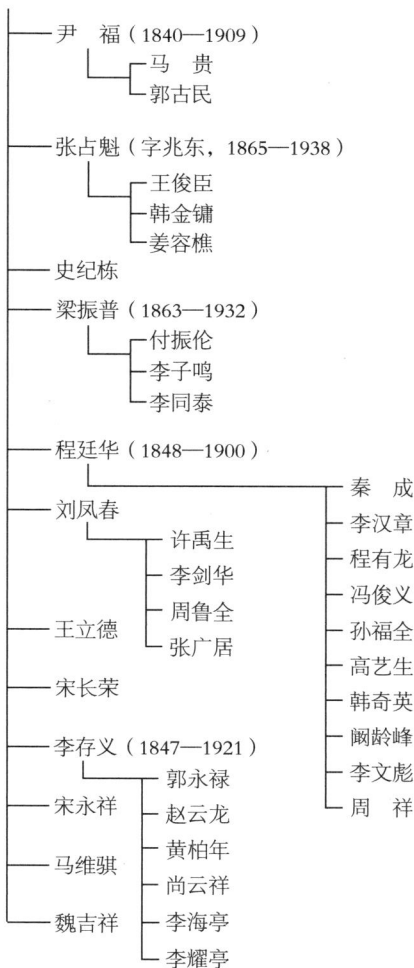

- 尹　福（1840—1909）
  - 马　贵
  - 郭古民

- 张占魁（字兆东，1865—1938）
  - 王俊臣
  - 韩金镛
  - 姜容樵

- 史纪栋

- 梁振普（1863—1932）
  - 付振伦
  - 李子鸣
  - 李同泰

- 程廷华（1848—1900）
  - 秦　成
  - 李汉章
  - 程有龙
  - 冯俊义
  - 孙福全
  - 高艺生
  - 韩奇英
  - 阚龄峰
  - 李文彪
  - 周　祥

- 刘凤春
  - 许禹生
  - 李剑华
  - 周鲁全
  - 张广居

- 王立德

- 宋长荣

- 李存义（1847—1921）
  - 郭永禄
  - 赵云龙
  - 黄柏年
  - 尚云祥
  - 李海亭
  - 李耀亭

- 宋永祥

- 马维骐

- 魏吉祥

八卦掌的技法讲究搬、拦、截、扣、推、托、带、领。前4法是击法，后4法是闪击法。每一种掌法中都有以上的击法。每一掌，击发是实，对方有了准备是虚，因此八卦掌多为"引手"，腿又多为"暗腿"。由于有这些技术、战术特点，对方不动就实，对方一动为虚，使对方动不动都被动。八卦掌的每一掌法都有攻防反攻作用，因此战术灵活多变。演练时又要求做到"意到力不到"，所以对培养沉着、勇敢、果断等方面有显著作用。

七、八极拳

八极，指八方极远之地。《淮南子》载："八纮之外，乃有八极。"《后汉书》载："恢弘大道，被之八极。"

八极拳古称"巴子拳"或"钯子拳"。明代戚继光的《拳经》中记载的"巴子拳棍"即指八极拳。

清代，河北沧县一带练八极拳的人最多，其附近的盐山县、南皮县、宁津县都有人练八极拳。《沧县志》载："吴钟，北方八门拳术之初祖也，字弘声，孟村镇天方教人。八岁就传，聪慧过人，年甫弱冠，勇力出众，遂弃书学技击，昼夜练习，寒暑无间。一夜，方舞剑庭中，有敛然自屋而下者，气象岸然，黄冠羽士也，叩其姓名不答。座谈武术，皆闻所未闻，继演技击，更见所未见，遂师之，授八极拳术。道士留十年，忽曰：'吾术汝尽得之，吾将逝矣。'钟泣且拜曰：'十年座下，赐我良多，惟一不知师之姓名为憾。'道士慨然曰：'凡知癫字者，皆吾徒也。'"由上述可见，无名道人姓癫，于清康熙五十一年（1712）在孟村授拳10年，传吴钟。吴钟又传其长女吴荣，以后又传多人，从而使八极拳逐步有所改进和发展（详见"八极拳发展参考表"）。

又说为吴钟授业的这个道人，据传名叫张岳山，是河南焦作县岳山寺的方丈，因寺庙被烧而来到了宁津县后椿村，见吴钟教一百单八枪（劈杆），遂拿起大杆子把吴钟戳了一杆。此后，吴钟遂不教徒，把张岳山留住，向他学习八极拳（开门八极）、大六合枪等。

八极拳动作简洁，发劲刚猛，有"十字劲""缠丝劲""沉坠劲"，并有独特的呼吸配合发劲。发劲时，伴有"哼哈"二声，以气催力。八极拳动作迅猛遒劲。在劲法上讲究"崩撼突出"，以短制长。

八极拳身形要求"立身中正，脊椎为轴"。步型有马步、半马步、弓步、虚步。步法有独特的碾步、磨步。手法有撑掌、劈山掌、探马掌等。击法有打、摔、拿、推。动作多为肩、背、肘、胯的撞靠动作（图14）。

八极拳套路一般短小精悍，有金刚八大式、六大开（又称六打开，有顶、抱、担、提、跨、缠）、六肘头、八大招（"迎门三不过，眼望三箭手""慢拉架子，快打拳，急打招"等）、八极小架、应手拳（48个大架子，64种手法）、八极新架、八极对练等。器械套路有夜战刀、提柳飘摇刀、六合大枪、六合花枪、连环剑、九宫纯阳剑、单支钩、八极剑、行者棒，以及训练技击的对扎大枪及夜战九门十三刀等。

图14　八极拳（依马贤达拳照）

八极拳发展参考表

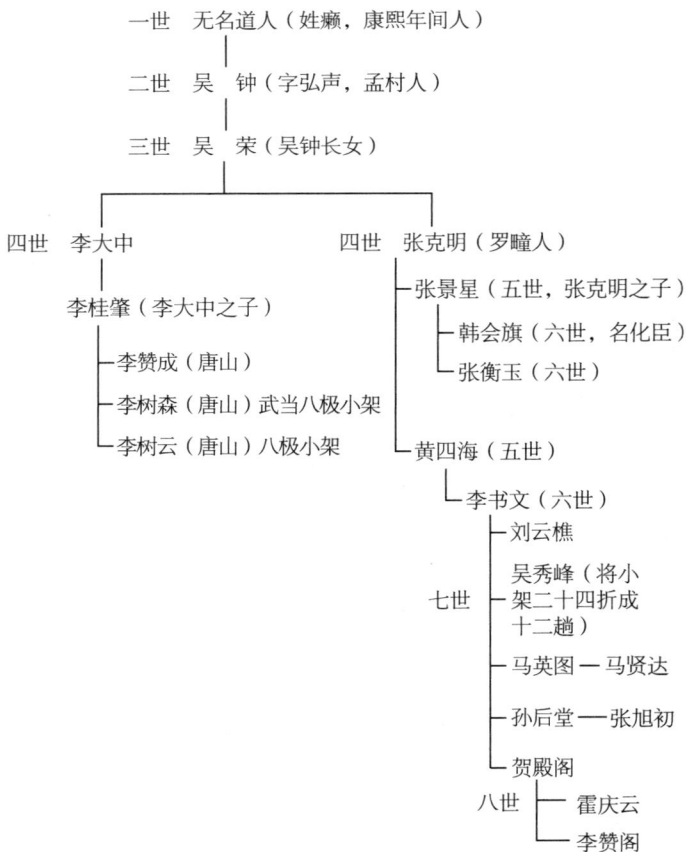

一世　无名道人（姓癫，康熙年间人）

二世　吴　钟（字弘声，孟村人）

三世　吴　荣（吴钟长女）

四世　李大中

李桂肇（李大中之子）

├ 李赞成（唐山）

├ 李树森（唐山）武当八极小架

└ 李树云（唐山）八极小架

四世　张克明（罗疃人）

├ 张景星（五世，张克明之子）

│　├ 韩会旗（六世，名化臣）

│　└ 张衡玉（六世）

└ 黄四海（五世）

　　└ 李书文（六世）

七世

├ 刘云樵

├ 吴秀峰（将小架二十四折成十二趟）

├ 马英图 — 马贤达

├ 孙后堂 — 张旭初

└ 贺殿阁

八世

├ 霍庆云

└ 李赞阁

八、通臂拳

　　相传通臂拳为战国白猿所传。白猿，姓白名士口，字衣三，道号动灵子。白猿传艺时只传三友：王道、李义、韩成。经考证，均系伪造。

　　通臂拳实系清初吸收劈挂、少林、螳螂拳等多种拳术之长而逐步发展起来的。据清末拳谱抄本载，"韩通的通臂为母"，通臂有白猿通臂、劈挂通臂、少林通臂、五行通臂、螳螂通臂等。流行在京津一带的另一支通臂是清末浙江人祁信所传，亦称老祁派。后传其子祁太昌，改猿猴通臂为六合通臂，称少祁派。少祁派由祁太昌传许天和，许传修剑痴、刘月亭、许永生、许让、刘鹏等人。清李云表（河北沧县罗疃人）精通臂，在北京及盐山县传授多年。此外，还有关中通臂（山西）、两翼通臂（天津）和两仪通臂（山西）等流传。

　　白猿通臂：日本埼玉县武田熙在1924年到北

京大学留学时，师从贺振芳、白乐民等。西安人穆子杰擅长此拳。贺振芳讲究"活肩活臂"，其二十四通臂有前八手、中八手、后八手及通臂十三刀、小宝剑。

劈挂通臂：李振海、周学易、王传猷、张策等擅长此拳。张策，字秀林，河北香河县人，曾向杨露禅学过太极，向陈庆学通臂，为"通臂之杰"。他传韩占鳌、强云门、吴图南等。

五行通臂（又称通臂太极），系清末韩道士所传。

通臂不取猿猴形象，而是揣摩猿猴特点造拳。猿猴能放长击远，伸缩弄长。所以通臂拳发力时"通肩""通臂"，在闪展腾挪、起伏转折中表现出胸背吞吐、甩膀抖腕、双臂交换劈、拧腰切胯等特点，行拳时则姿势较高。用劲讲究九宫劲：急、硬、冷、抖、涵、虚、捣、缩、脆。掌法有摔、拍、穿、劈、攒。手法有崩、拒、拿、拦、圈、揽、劫、削、摩、拨、扇。另外，还有白猿出洞、白猿献果、劈山炮、抒带、攒心炮等动作，勾手占很小比例。

通臂除拳术外，还有白猿棍、白猿单刀、双刀、花枪、大刀、单剑、双剑、短剑等通臂风格的器械练法。

通臂拳身法有粘、连、挨、贴、随、吸、化、省、解；步法有蹿蹦跳跃、闪展腾挪、进退；防守时，有高挑、低搂、里格、外滚、中者缩。"通臂螳螂"取螳螂机智刚毅，每一个动作都要表现出斩钉截铁的气概，其步法几乎全用活步、套步、虚式和不丁不八的步法；其手法也别致，大部用双指、半拳和削掌，动作都带有震脚勾踢或雀步（似拳击步）。《打手歌》中有"一路螳螂破太极，二路截螂破螳螂"。方法上讲究"逢柔硬攻""逢刚柔进"。动作富有弹劲（图15）。

祁信传的通臂拳五十四手全谱如下：

图15　通臂拳（依任刚拳照）

（1）鹤形势；（2）三合炮；（3）青狮抖铃；（4）劈山；（5）压顶；（6）炮牛崩栅；（7）黑虎掏心；（8）连环炮；（9）闪击手；（10）白马摔尾；（11）玄午捶；（12）叶底藏花；（13）白猿缩臂；（14）金刚钻钟；（15）野马驰奔；（16）燕子抄水；（17）霹雷扣挑；（18）大鹏展翅；（19）扑鼠；（20）白蛇吐芯；（21）蜻蜓点水；（22）双耳挂环；（23）毒龙出洞；（24）鲤鱼击浪；（25）鸳鸯撩羽；（26）童子截松；（27）旋云片雾；（28）鹞子翻身；（29）飞虎拦路；（30）骏马回蹄；（31）托塔归宗；（32）醉猿探臂；（33）青龙戏珠；（34）猿猴出洞；（35）猢狲撩阴；（36）金鸡倒挂；（37）朝天柱香；（38）金睛晃首；（39）紫燕挑屋；（40）白鹤亮翅；（41）蛇龙绵首；（42）太白定心；（43）垂风扑翅；（44）九连环；（45）猛虎捕食；（46）钻五炮；（47）飞箭穿星；（48）白猿献果；（49）金丝缠柱；（50）金钱扣蟾；（51）狮子提蹄；（52）麒麟撞山；（53）卧羊别杖；（54）大鹏归巢。

贺振芳的通臂拳二十四手也有代表性，列其

名称如下。

前八手：（1）抖铃手；（2）冲拳；（3）摔拍踏；（4）双引手；（5）红脸照镜；（6）指挑拍；（7）掸手；（8）拐袖。

中八手：（1）劈山炮；（2）掳手炮；（3）贯耳捶；（4）劈砸捶；（5）鹞子穿林；（6）五鬼探头；（7）劈拳；（8）匕首拳。

后八手：（1）吊袋；（2）群捉；（3）黄龙探爪；（4）退步八门；（5）魁星点斗；（6）大石靠山；（7）金龙合口；（8）白猿献桃。

九、劈挂拳

劈挂拳，亦名披挂、披卦或抹面拳。明代戚继光的《拳经》曾提到"披劈横拳"和"抛架子枪步披挂"，指的是否就是劈挂拳，有待考证。另有人说，劈挂拳创自少林僧左宝海，这也有待考证。一般认为，劈挂拳源于河北沧县附近的盐山县，李林彪传黄林彪，黄又传马英图。

劈挂（披挂）共有12趟，即12个招式。练法有通臂功、摔法、拍法、劈法、抡法，是长短兼用的拳术。大劈大挂时，以腰背为轴，上体左右转动，两手快如雨，连续攻击。拳诀曰："滚胁披挂掌，斜肩摔雨膀，出手莫摊，摊者力猛。"

劈挂拳要求做到两肩调直，柳背合腕，两手相应，前后相合，手足相合，身法不现正面，扭腰切胯，肩、腰、胯相随。劲道讲究滚勒劲、吞吐劲、劈挂劲、辘轳劲。击法上要求高来则挂，低来即劈，横来则拦，顺来便搬。挂、劈、拦、搬多用掌，故亦称劈挂掌（图16）。

劈挂拳套路有：一路劈挂（又称抹面拳或劈拳）共6段，二路劈挂（又称青龙拳或挂拳）共8段，三路劈挂（又称飞虎拳或挑拳）共6段。此外，还有四路太淑拳，动作有单劈手、鹞子穿林、双撞掌等。

图16　劈挂拳（依冯景梅拳照）

十、翻子拳

明代戚继光的《拳经》中所说的八闪番即翻子拳。在《拳经》三十二势图谱中，从当头炮、拗鸾肘、顺鸾肘、旗鼓势中可看出翻子拳的痕迹。近代翻子拳出自河北省高阳县北布兰村段氏。约在道光年间，段氏"殿"字辈兄弟5人皆好武，拜韩禄马为师，学得韩的翻子戳脚（参见"戳脚"）。

翻子拳者，即左右上下飞翻，即刚，即柔，即真，即假，内有8法，名曰"清手八法"，每法内含8手，共64手。步法有出溜步、一字步、六合半马步。

练翻子拳之前，要先练挑抹，进者挑、退者抹。击法讲究"高来则挑，低来则抹"。挑是两手同时向前抡转成立圆。抹是两手同时向下复抡成立圆。8法之中，各种练习多呈弧形或圆形（图17）。

图17 翻子拳（依高西安拳照）

翻子拳以站桩翻为基本拳法、套路，有翠八翻、靠手翻、健中翻、擒手翻、捋手翻等。京津冀一带还有六手翻、燕青翻、鹰爪翻等。由于翻子拳结构严谨、发劲迅猛、连续性强，有人用"双拳密如雨，脆快一挂鞭"来形容翻子拳。劲道讲究"脆、快、硬、弹、翻"。翻子拳器械有八步连环进步刀、锦战刀等。

十一、戳脚

戳脚是以腿法为主的拳术，据传始于宋代，盛于明清。宋代就有过侠拳、踢拳的表演。

戳脚以"鸳鸯腿"著称，早在元末明初成书的《水浒传》第二十九回"武松醉打蒋门神"中就用了"玉环步、鸳鸯腿"，说明当时在民间颇有影响。太平军战将赵益灿隐居河北饶阳一带，传授戳脚及翻子拳。当时河北省高阳县北布兰村段绪和（号老绪）、王占鳌（号称"铁腿王"）等都是当时名手。段氏"殿"字辈兄弟5人拜著名拳师韩禄马为师，得韩传授戳脚及翻子拳，后传给东北许兆熊（字敬禅，人称许志禅，外号"铁罗汉"），许传沈阳郝鹤翔（字鸣九）、杨俊峰。杨迁吉林后，传子杨景春和沈阳胡春先（张作霖的武术教练）。此外，烟台人程庆春（字东阁）也擅长此拳，传于甘肃、陕西一支的有马凤图、马英图。

戳脚分八根、文趟子和九枝（武趟子）。八根是8个单势动作，属下盘腿法，演练较吃功夫，但各种踢法变化都是由这8个单势派生而来的，故称八根（图18）。

九枝即武趟子，有9个趟子，又称九节鸳鸯腿，踢法以上盘居多，以高腿为主。动作比八根舒展。上肢手法也以八根变化为主。

图18　戳脚（依王印宝拳照）

九枝的前5趟是各种踢法的组合，后4趟是特有的步法演变。

　　戳脚腿法有十几种类型、几十种踢法，有飘、蹶、撩、圈、抹、跺、戳等，以提、点、抖、踹为基础。其手法也别具一格，有开石雷、似箭手、云魔手等。用劲以拧转、内摆为主。

十二、长拳

长拳据说系由宋太祖赵匡胤传出，故又名太祖拳。明代戚继光的《纪效新书·拳经捷要》载："古今拳家，宋太祖有三十二势长拳。"

赵匡胤本人是宋代最高军事统帅，武艺高强。《宋史·本纪》载："太祖生于洛阳……既长，容貌雄伟……学骑射……尝试恶马，不施衔勒，马逸上城斜道，额触门楣坠地，人以为首必碎，太祖徐起，更追马腾上，一无所伤。"《宋史·本纪》又载，宋太祖"学骑射，辄出人上。……南唐节度皇甫晖、姚凤众号十五万，塞清流关，击走之。追至城下，晖曰：'人各为其主，愿成列以决胜负。'太祖笑而许之。晖整阵出，太祖拥马项直入，手刃晖中脑，并姚凤禽之。"可见《宋史》对宋太祖武艺高强记述详细，但却只字未提他编了三十二势长拳。

太祖拳全套共8段，套路较长，有拳路对

练、七拳对练、三节棍对练、单刀对枪、春秋刀单练、九节鞭、虎头双钩、六合枪、梅花枪等。

清光绪年间，山东文登县刘明山向护院的老长工学习太祖拳，后在海参崴教拳，并传授给日本人。刘明山后来到哈尔滨落户，又教山东黄县孟庆跃等人。

新中国成立后，长拳的概念起了变化，即凡是姿势舒展、动作灵活、快速有力、节奏分明并包括蹿蹦跳跃、闪展腾挪和起伏转折等动作和技术的拳种，都称为长拳（图19）。

图19　长拳（依陈道云拳照）

长拳的动作幅度大，对关节的灵活性要求较高，特别是对肌肉、韧带的柔韧性、弹性要求较高，因此久练长拳能培养速度和灵敏度等身体素质，特别适合于青少年练习，是拳术中发展最快的拳种之一。

十三、六合拳

六合拳系由佟忠义及其女儿佟佩云继承其家传套路而发展起来的。1928年10月，佟忠义在南京全国武术考试中战胜了四川武术名家吴绍基。

六合，指东、南、西、北、上、下六方面。行拳时，要求手与眼合、步与身合、智与力合。其拳术特点是动作按龙、虎、鹤、兔、猴五形和乾、坎、艮、巽、离、坤、兑、震八卦方向进行，要求做到动如游龙、定如卧虎、迅如狡兔、灵如猿猴、轻似天鹤，其架势威武挺秀、矫健敏捷。

六合拳拳术有力士分牛、西子捧心、鲤鱼分水、掀箱取宝、守株待兔、逢蒙开弓、拐仙摘果、辕门射戟、仙人指路、武松打虎、转身朝佛、童子拜佛、恨蝙来迟、乌龙摆尾、仙人坐洞、大鹏展翅等动作。

六合拳套路有72式，其入门基础拳术有十二

路潭腿、迎门炮、行龙拳、化功拳，此外还有
行拳、六家式、八步行走、梅花变四路拷打、
七十二把擒拿、摔跤等。

　　六合拳的器械套路有六合刀、六合剑（图
20）、六合枪、行刀、砍刀、春秋大刀、行者
棒、八仙剑、三节棍、孙膑拐、双戟、双钩、拐
进剑、三节棍进枪、单刀进枪、棍进枪等。

图20　六合剑（依佟忠义拳照）

十四、汤瓶拳

汤瓶拳，又名汤瓶七式，是回民看家拳术。出土的唐拳击俑（图21）的动作似回民所用汤瓶壶。唐拳俑，卷发，深目，浓眉，可以判断是回鹘人。洪皓《松漠纪闻》载："回鹘自唐末浸微……其人卷发深目，眉修而浓，自眼睫而下多虬髯。"《归唐青天竺传》也载："天竺国，即汉之身毒国，人皆深目高鼻，上为螺髻于顶，口发剪之使拳。"回鹘，即回纥，起自蒙古，迁入新疆，血统混合，有甘州回鹘、沙洲回鹘等名称。根据上述可以推测，唐拳击俑系回鹘人练习汤瓶拳的形象，说明回族拳术历史悠久。

由于汤瓶拳当时传子不传女，更不外传其他民族，故此拳不多见，目前多流行在陕西、河南一带。老一代会汤瓶七式的人已不多。此拳多由河南周家口袁凤仪传出。相传袁凤仪绰号袁氏猿，因个子小而被人耻笑，闭门苦练，后随师去

图21 唐拳击俑汤瓶式

少林寺旅游，和一僧交手，僧劈一掌，袁纵身上梁，由此得名袁氏猿。袁凤仪继承发展了汤瓶七式。汤瓶七式有花七式及陈汤瓶七式之分。汤瓶拳全套分七式，每式又可化成七式。七式是单练套路，以金梁起架为起势，翻身吊打为收势。四十九式为对练内容，也叫硬架子对练，以破法为主，是后发制人的自卫性拳术，打法有二十七进法。

汤瓶式的歌诀："金梁起架最难防，左开右进探心掌，合手杀下千斤坠，隔臂打耳破命伤。"汤瓶拳练力与练气结合，也讲"三节四梢"。

十五、潭腿

明代就有擅长腿法的武术家，号称"山东李半天之腿"。潭腿最早在山东龙潭寺一带流传，故名潭腿；也有人说系源于河南谭家沟，故又叫谭腿。潭腿动作弹伸突出，故又称弹腿。

潭腿在山东、河北、河南一带较流行，回民多互相传授此拳。清末山东回族马永贞精潭腿、查拳，少时曾任浙江正营教师。另清代一姓蒜的人（名字不可考）传河北景县虎头庄人赵芝莲。赵芝莲精于潭腿，也会工力拳、节拳、五战拳、八卦刀、五虎枪等，传给赵连和、李振江、李健民、赵观永等人。与河北景县赵连和齐名的有河北沧县王子平、山东杨洪修、安徽歙县吴志清等。潭腿在民间流行较广，新中国成立前有天桥潭腿名家胡德全，艺名为胡志道，功底深厚。

潭腿手法不多，回民练此拳多用凤眼钩（即拇、食、中三指捏拢），不用梅花钩（即五指捏拢）。潭腿方法简单，对爆发劲要求较高。潭腿重于腿上功夫，但不练站桩，而是运用各种腿法来练其稳定性。拳谚说："弹腿四只手，人鬼见了都发愁。"可见，潭腿实战性很强。腿以寸腿为多。踢时，绷脚面高不过一尺，故名寸腿。此外，有十字腿、穿心腿、连环腿，要求力达足跟，后压腿用大腿之力，勾脚力达足跟。配合腿法的拳法有砸拳、窝肚拳、劈拳、弹拳等。潭腿有十路、十二路。新中国成立后，为便于推广，曾把潭腿简化为六路潭腿。潭腿可逐路对打，称"接潭腿"，也可集体练习。

练习潭腿，发劲要气势猛鸷，足桩坚定，腰力发出，四肢受节制，上肢前冲，下肢后挣，中部坚稳（图22）。

潭腿动作转换快，用力猛。每路潭腿可单练，并可对称左右练、对练及集体练。

王子平所传"十路弹腿"歌诀如下：

昆仑大山世界传，弹腿技法奥无边。
头路冲扫似扁担，二路十字巧拉钻，
三路劈砸倒夜犁，四路撑滑步要偏，
五路招架等来意，六路进取左右连，

七路劈盖七星式，八路碰锁踩转环，
九路分中掏心腿，十路叉花如箭弹。
世人莫看法式单，多踢多练知根源。

图22 潭腿（依吴小高拳照）

十六、查拳

查拳是我国回族最喜爱的拳种之一，相传系明末回族人查密尔所传，故名。

查拳共分十路，每一路由30～60个动作组成，既可以单练，也可以对练。动作由简到繁，结构细致生动，每路都有拳谱，便于记忆，各路又各有特点。十路查拳是：一路母子、二路行手、三路飞脚、四路升平、五路关东、六路埋伏、七路梅花、八路连环、九路龙摆尾、十路串拳。

查拳腿法有低腿、平踢、低踩、斜踩、蹬腿、闯腿、双飞腿、旋风腿、鹞子脚等。查拳手法有撩掌、劈掌、冲捶、平拳、立拳、勾手等。

查拳尤长于身法，如起伏转折、闪转腾挪、俯仰曲伸、虚实高低等。查拳步法有活步、套步、上步、退步、泻步、格步、撤步、撩步等。

此外，还有步型，如平衡、跳跃、旋转等动作。

查拳还包括滑拳、腿拳、洪拳、炮拳和长、短单练器械。查拳高手以张文广为最著名（图23）。

图23　查拳（依张文广拳照）

十七、花拳

花拳系清雍正、乾隆时武术名家江宁甘凤池所创。甘容斋说他"拳勇名天下"（见《白下琐言》）。"凤池具绝大神力，于拳法，通内外二家秘奥，以故莫与敌。"（见《清稗类钞》第二十二册）甘凤池著有《花拳总讲法》（乾隆四十五年版），系海昌俞昂云藏本。第一部分为"行拳二十四势"，还收了"回回十八肘"。第二部分为"中取用法"和"吞家"、"沙家"短打类型等拳派。第三部分是"打拿技法"的势名和方法。

花拳吸取长拳短打的优点，不讲套路，而着重攻防散招，每招都假设对方用拳脚进攻，再防守反攻。反攻摔法有吕布头戴紫金盔、扶栏看花、仙人蒙面、猿猴摘心、仙人拍腰、顺手牵羊、黑虎偷裆、枯树盘根、钟馗抹额、苏秦背剑、死里逃生、观音倒坐莲、金龙缠身、老僧驮米上仓等。借防守顺势的拿法有巧女穿针、二虎擒龙、观音现掌、燕飞落地、凤凰双展翅、观音抱净瓶、金丝缠腕、丹凤朝阳等。防守后的踢打有黄鹰抓耳、破双虎抱、回身落膝等。

花拳有89个招数，练时要求"停快得宜，进退得法，架势得稳，转身得静，起落得速，起腿得停，上身得力，出拳得平，着身得紧，收拳得入肋，满身得力"。

花拳由清代姜柘村传李潭月，后又传杨叶洲（杨文澜）。

十八、华拳

　　华拳主取精、气、神三华贯一，故名，系蔡龙云家传拳术。华拳属长拳的一种，动作舒展大方，快速有力，飘洒优美，节奏显明，并包括蹿蹦跳跃、起伏转折，以及闪展腾挪的动作（图24）。四击、八法、十二型是华拳的理论基础。四击是踢、打、摔、拿。八法是手、眼、身法、

图24　华拳（依蔡龙云拳照）

步、精、气、力、功。十二型是"动如涛，静如岳，起如猿，落如鹊，立如鸡，站如松，转如轮，折如弓，轻如叶，重如铁，缓如鹰，快如风"。

华拳的动作有环步提膝刁手、歇步甩臂鞭拳、转身苍龙摆尾等。华拳有单练、对练及基础训练。

十九、红拳

红拳是陕西关中西北一带及四川成都一带流行的拳术，大小红拳、二路红拳、关西红拳、关东红拳、梅花拳、太祖拳、抹闯炮拳等均属红拳。

据传清代后期关中并出"三三"。所谓"三三"，指出现了三名拳手，一个外号"鹞子高三（山）"，字鸿齐，专练子拳（猴拳），另两个是"黑虎邢三"和"饿虎苏三"。今渭南张生芳得此拳传授。四川红拳系由一姓马的拳师由陕西传到四川的，据说是"鹞子高三"所传的拳，马以后传给黄春奎，黄传陈大章。

红拳先练"十大盘筋"，这是红拳基本功，动作有霸王举鼎、雀地龙、撑补势（马步架、冲拳）、魁星势（望月平衡）、燕子衔泥、青龙探爪、大鹏展翅等。除定型的动作外，还有迎风腿（正踢腿）、二郎跨涧（倒踢）、十字披红（十字腿）等动作。拳叫蛇眼拳。拳术特点是多翻臂、折腰，要求一招一式地练，套路可以拆开单练。挖行步时，脚掌把土呈弧形从头后向前抛出。套路最早有大（小）红拳、二路红拳等，为红拳之基础套路（图25）。

图25　红拳（依陈信煌拳照）

二十、炮捶

炮捶又名三皇炮捶。三皇指传说中的远古部落的酋长，三皇之称初见于《周礼·春官·外史》。其名，传说不一，拳界附会为伏羲、神农、黄帝，以示其古。炮捶系形容其拳的威力如炮，故名。

相传清代，河南嵩山少林寺僧普照将此拳传给甘凤池、乔三秀二人。甘、乔后传给乔鹤龄，乔鹤龄传宋迈伦、于连澄。宋、于各有特点，逐步发展成了两大派系，流传至今已有9代。

炮捶在北京一带流行较广，因清末社会动乱，镖行盛行，当时著名的炮捶拳师于鉴、孙德润、张殿华、宋彩臣等在北京创建会友镖局，炮捶第五、六代的著名拳师多以保镖为业，又各自收徒传授，因而逐步形成了具有燕京一带地方色彩的拳术。

炮捶发力发声，以气催力，用力刚暴，击法

上"挨轻躲重"，有含、收、蓄、滚、挑、按等法。

炮捶主要有12种基本拳法，称十二炮，即开门炮、劈山炮、连和炮、转面炮、十字炮、脑后炮、泻肘炮、冲天炮、撩阴炮、扎地炮、窝心炮、七星炮。掌法有撞掌、刁掌。肘法有横、盘、捉、坠。步法前进似掘土，随步而进。腿法以暗为主，"腿如盘山走如风，以腿截腿伏地冲"（图26）。

三皇炮捶套路短，架势小，结构简单，动作

图26　炮捶（依李宗儒拳照）

刚健有力、沉稳，招式清楚，有"刁抓、蛇身、出水龙"之说。特别是炮捶的技击性较强，每拳每腿都有明显的技击作用，如十字捶、左右冲、前后肋、后打胸等。三皇炮捶共有12套，现传只剩8套及1套折拳、散打等。器械有大枪、剑、刀、棍、护手钩、梅花铲、凤翅镗、金钢圈、牛心拐等。

二十一、燕青拳

据传说，燕青拳附会《水浒传》中燕青随卢俊义学拳，卢上梁山后，梁山派人找燕青。燕青在去山西的路上遇见耍猴的半夜仙，他手指猊狲（猴子名）称燕青，手指燕青叫猊狲，从而引起争吵。半夜仙说："如果你能战胜它（指猊狲），可再和我斗。"结果，燕青败于猊狲，拜半夜仙为师。半夜仙吸取猊狲的灵敏动作教燕青，遂在山东一带叫燕青拳，在山西一带叫猊狲拳。后因讹音又叫迷狲拳、秘宗拳或迷踪拳，流行于河北、山东等北方各省。

清康熙末年（1722），山东岱岳人孙通向兖州张某学拳，因功底深厚，有"铁腿孙通"之称，孙晚年在河北沧县隐居教拳，弟子有陈善、王继武、杨鸿滨、姜廷举等。据传莲阔和尚在河北沧县孙家庄白衣寺曾向陈广智学迷踪拳，又传河北沧县人李元智，李在10岁就向陈玉山学过迷踪拳。至于陈广智与陈玉山是不是陈善本家，这是个待查的问题。武术名家霍元甲也会迷踪拳。

流行在山东的有燕青神捶，以后和天津八番拳结合，又创造了燕青八寸番、十面埋伏拳等。清末民初，河北沧县张耀庭、孙书春堪称燕青拳名手。山西有马氏3兄弟也精迷踪拳，后传郝清桂等，郝传至青岛。青岛流行至今的燕青拳分2大段，每大段又分4段，上4段动作舒展大方，似长拳，下4段动作小巧、灵活，似猴拳，既能单练，也能对练。河北沧县叶雨幼年时曾随叶云表学过少林迷踪拳。

霍元甲，字俊卿，河北静海县小河村人。清宣统元年（1909），其子霍东阁承父志，练有迷踪艺、十路练手拳。霍派练的迷踪拳有练手拳、霍氏莲拳。张耀庭派有燕青一、二路，移动轻快，回转自然。陈善派（秘宗拳）有练手拳、小进拳、大五虎拳、小五虎拳、豹拳、绵掌拳、八折掌、八打拳、秘宗长拳、套环散合战靠（对打）等。十面埋伏拳也属燕青拳。

各地流行的燕青拳各具特色，但总体上动作多轻灵敏捷、步法新颖独特、高低多变，拳法"密如蛛网，纵横交错"，手法有刁、拿、锁、扣、切等，变化多端（图27）。

今人把燕青拳与迷踪拳误认为两种拳术，实际是一种拳。

图27　燕青拳（依杨国忠拳照）

二十二、梅花拳

梅花拳简称梅拳，因在桩上练习，也称梅花桩，全称是干枝五式梅花桩。

梅花拳最初以家传方式流行于民间，到清乾隆年间逐渐闻名于世。当时公开教授梅花拳的拳师李廷基（第13代传人）在河北省武强县王家庄开设拳场，后又邀师弟李廷贵同道教拳。当时，徒弟拜师学艺之前要拜师祭祖，立牌位，牌位上写的是"八辈祖师张从富之位"。由此推测，梅花拳可能是在明末清初形成的。

今人韩其昌，河北深州人，新中国成立前人称"沱南侠"，是梅花拳第16代传人。

梅花拳有大架、小架之分，但都是站在桩上练，故有"空中梅花"之称。

桩的直径为三至五寸，下半截埋在地下，上半截离地高三尺三寸。桩与桩之间距离前后为三尺、左右为一尺五寸。随着功夫增长，可不断增加桩子高度。桩法有北斗桩（七星桩）、三星桩、繁星桩、天罡桩、八卦桩、五行桩、九宫桩等。梅花拳练的是繁星桩。

梅花拳除单练外，也可3人以上站在桩上围成一圈集体练习，或开或合，变化无定。

梅花拳桩式有丹凤朝阳、二郎担山、大鹏展翅、猕猴攀枝、霸王卸甲等，练时可以互变互换。桩上步法有八方步、大方步、中八方步、小八方步等。

梅花拳套路有五势头、八方步、梅花老架等。器械有梅花刀、梅花枪、梅花剑、梅花雁翅锐等。

二十三、岳氏连拳

岳氏连拳为少林派拳术，又名八番手或子母拳。清道光年间，雄县拳师刘士俊授徒于京师军营，刘德宽从其习之，并择其精华归纳成八母式，使之连贯易习，故名连拳。为了增重其拳，伪称岳武穆传习达摩《易筋经》而获得了神力，故称岳氏连拳，并创推手法，增至173手，称为岳家散手。

连拳分8路，每路由五六势动作或三四势动作串起来。各动作均左右互习，技击方法有捆、拿、锁、靠、推、打、掷、跌等。

连拳由于没有跳跃难习之处，动作简单，段落分明，进退、起止的节奏分明，所以也适合于集体练习。

二十四、连手短打

连手短打又名勾拐子，是河北沧县人刘占山家传的拳术。刘占山的祖父在沧州镖局保过镖，其父刘洪奎（外号"刘膘子"）在天津附近护过院。刘占山在国民党军队中当过武术教官，后参加八路军，1946年在晋察冀边区时教高德江、傅阴轩、王健等人。

连手短打有大手套小手、小手穿插手、抬手带打手、一手接一手，属长拳短打类。徒手摔打动作有挨、帮、贴、靠、勾、挂、捆、冲、劈、砸、截、崩等，手法严密，迅速敏捷，劲健有力。

连手短打的特点是披身小架，手脚肘膝不敞大门、开小门，不出"远门"、守"家门"。技击时，招快、进快、退快，是实用性较强的一种拳术（图28）。

图28　连手短打（依高德江拳照）

二十五、紧八手

据传说，紧八手形成于清朝中期，流传很少，今湖北一带仍有人练此拳。此拳没有花法，技击性强，有8趟，基本拳法是紧八手。此拳特点是一拳一腿都快速发力，并要求"去力不僵，回劲松软"。有踢、踹、蹬、鸳鸯腿等16种腿法，腿法多变，下肢稳固。

二十六、五手拳

　五手拳是山东胶东地区较流行的拳术。新中国成立前，青岛码头工人、运输工人中练此拳的人很多。五手拳纯讲实用，不重形式，1个套中有5个技法，其余动作是连接动作。全套共39动，3个来回，每趟13动，每趟5动既可单练，也可拆开练，练到一定程度可进行散打。对打套路叫"十六手"，主要是手法，但也注重腿，两者各有16个动作。器械只练十字棍（又名短八棍）。五手拳劲道似形意拳，但步子较活。今山西陈盛甫向张克勤较好地学了此拳。

二十七、新武术

新武术系由民国时期山东武术家集体创编的，但被军阀马良盗取了创始之名。

新武术分拳脚科、摔跤科、棍术科、剑术科。拳脚科分单人教练、连贯教练、对手教练。摔跤科分单人教练、连贯教练。棍术科分单人教练、连贯教练、对手应用教练。民国七年（1918），在全国武术运动大会上由陆军第十师、第四师、第六混成旅各部官兵集体表演过新武术。

新武术是按照体操节拍做武术动作，似今之武术操。例如，拳脚科有前进正打、横打、左右转打、左右盖打等。

二十八、节拳

清代已有节拳。节拳又名捷拳，以潭腿为基础，并有旋风腿法，身法讲抽身之法，使全身气脉开张，手足轻捷。节拳有"克气腿"（低腿），用横扫力，此外还有寸腿、撩阴腿，踢时抬大腿，绷脚，力达足面。穿心腿系高腿，踢时勾脚上翘，力达足跟。

二十九、关东拳

关东拳属少林门，民国时期河南淮河一带民众多练此拳，有"练跑式七十二路关东拳、六进绵张拳"之说。今上海王效荣擅关东拳，系家传拳法。

关东拳的握拳叫二五钻，号称"学会二五钻，天下教门打一半"。二五钻即鹅子拳，拳法有砸、绷、撩，步法多四六步。关东拳每动均可拆开单练，攻防方法清楚，打法上着重打"情"式，即根据对方招数出手，以逸待劳，是实用性较强的一种拳术。

三十、绵掌

绵掌原系罗民家传的拳术。河北遵化市人徐明德（字峻卿，1857—1937）向河间罗从善学过绵掌，后在马兰峪一带传授绵掌30余年，1919年到北京，在燕京大学、汇文中学任教时积极传布绵掌，流传至今。北京徐良骥擅长此拳。

绵掌动作以掌为主，表现为运动舒展，如绵内酝，藕断丝连，含蓄待发。掌之运行路线走环形，要求连而不断，内盖刚劲，外现绵柔，平稳如水，故又称连环绵掌。动作有戳腿撑掌、左右压肩、双推掌、斜身穿掌、闪身刁掌等。

连环绵掌的拳路有一、二、三路：一路以绵掌为基础，二、三路在一路基础上变化。一、二路又称二郎拳，特点是内柔外刚，以爆发劲为主，谓之"机灵气"。三路绵拳又称白猿拳，介于绵掌、绵拳之间，刚柔兼备，拳脚并重。器械有刀、枪、剑、棍，可单练、对练。枪法训练有抖大杆子、扎大枪（108枪）、对战大枪、花枪、对花枪、六路连环大枪和一套精练的小六合枪，既可单练，也可对练。

连环绵掌的基本功叫十三太保功，分蹲式、立式、卧式，共3段13个动作（图29）。

图29　绵掌（依李宗儒拳照）

三十一、绵拳

绵拳在河北中部各县世代相传，今天津、成都、武汉等地都有传播，今人温敬铭擅长此拳。

绵拳姿势舒展自然，动作轻松柔和，绵绵延长，劲力柔化绵随，以柔为主，得势则刚，故名绵拳。又因对抗中随对方而延伸己手，柔而化之，防后发招，所以又称延手。

绵拳的基础训练有抖臂、捋麻辫、抓空、揉木球等。拳法有崩、冲、搂、挂。掌法有砍、穿、拨、捋。肘法有顶、撞、拨，以及挤靠。腿法较少。传统套路有一路，又名六家势。二路，又名八折。由于绵拳动作伸展，对柔韧性要求较高，先收后放，所以对稳定性的要求也很高。

新中国成立后，兰素贞在此拳基础上突出了几个高难度的平衡连接，增加了对难度及稳定性的要求，特别是对柔韧性的要求，较适合于女青年练习（图30）。

图30　绵拳（依兰素贞拳照）

三十二、太虚拳

太虚拳伪托为武当丹士张三丰所传，附会说他在少林寺习拳后回到武当山修道，根据少林拳的主要内容，参照形意、四川峨眉山白眉道人的六趸、五梅拳、少林花拳，再用三才、四象、五运、六气、八卦等解释拳理，吸取老子道术中的太虚、太极理论和图纹洛书数等原理为依据，从而变少林十八式为十八字，变五形之拳为十段锦，讲究运气于内，主将柔化，以柔制刚，故名太虚拳。但少林拳、形意拳、花拳等各种拳术均系明末清初形成的拳种，宋代的张三丰或元代的张三丰均无从参照吸收，说明太虚拳只能是清代继太极拳之后而逐步形成的一个拳种。

清代的伍荣羽把太虚拳作为家传，附会说系张三丰所创，借以增重其拳。又说太虚拳在皇室内作为秘拳流传，在清咸丰时期，伍荣羽29岁时运"广东三件宝"之一（陈皮）到京，时咸丰的皇叔患咳嗽不止，久治无效，伍荣羽被聘治好其病，咸丰皇帝十分感激，皇室遂把秘传的太虚拳传他。他学习4年后回新会乡授拳，只教亲族，不外传。

查清史资料，清宫并无秘拳传授。实际上，太虚拳当为伍荣羽所编，后传至其曾孙伍学波。伍学波又名伍德文，因其年长，人称"伍伯"，新中国成立后在广州海幢寺公开教授，并传至港澳。

太虚拳手法要求带圆形，以示完整无缺，无隙可乘。太虚拳用截劲，往往用折叠式，进退必变换步法。该拳有20多个动作，和太极拳相似。

太虚拳套路简练，只有一套拳、一套棍。该拳共8趟，每趟8个动作，从"右摆河图左开斧"至"河图还归三霸王"的64个动作中有双龙出海、蓄势挠捶、单枝反水、麻姑箩米、猴子脱绳、师姑掩门、箸夹馒头、猛虎出林等。23式的棍法有擦、𢭃、割、杀、标、点。

太虚拳所说的"六跻"指横跻、短跻、挑跻、𢭃跻、批跻、拨跻，"三才"指天、地、人，"四象"指东、西、南、北，"五运"指金、木、水、火、土，"六气"指风、寒、暑、湿、燥、火。

三十三、擒拿

　　擒拿为历代兵家所重视，如明代戚继光的《纪效新书·拳经捷要》介绍各拳术名称时有"鹰爪王之挐"的记载，《宁波府志》也谈到内家拳有"七十二跌、三十五拿"，历来不少拳术中都有拿法。

　　擒拿是在人遇到不能使用或不准使用武器时可采用的各种手法，利用人体关节、穴道和要害部位的弱点，使对方身体局部产生超功能限度的活动和强烈的剧痛，从而束手就擒。擒拿法有主动擒敌、解脱擒敌、夺凶器擒敌等技术。

　　擒拿有单练和对练的套路技术，有助于培养敏捷、灵活、协调、力量等身体素质。由于擒拿套路结构严谨，一环扣一环的拿法、解脱、反拿等实用性强，很受人们喜爱（图31）。

　　擒拿手法较多，今人有"七十二拿"之说，按不同手法可分为切、点、搬、分、封、锁、

图31　擒拿（依郑怀贤、王树田拳照）

扣、压、拧、转等。根据关节活动与手法运用特点，一般常用的有下列基本手法。

拿法——握捏对方肢体关节，使其内旋或外旋，称里拿或外拿。

缠法——双手抓握对方肢体远端，使关节扭曲，有小缠和大缠。

背法——将对方的肢体关节背负在肩背上，使其过度伸展，如背肩、背肘。

卷法——使关节过度弯曲，如卷肘、卷腕、

卷指。

压法——用力向下使关节肢体过伸，如压腕、别肩、别肘、压腿等。

展——使关节过度伸展，如展臂、展指。

蹬——蹬踹对方腿部，使关节过度内翻或外翻，如蹬小腿。

抱——双手环抱，使对方肢体不能运动，如抱腿、抱臂、抱腰等。

转——迫使关节肢体过度扭转，如错颈、转臂。

锁——使活动部位固定不动，或使功能受阻，或使人气绝，如锁喉、锁肩臂。

分——施力分离关节的正常部位，如分指。

抓——抓住对方要害部位，使其不能活动，如抓阴部。

推——使肢体关节远离身体重心，如撑颚、推颈、端耳等。

搬——使关节过度转展，如搬头、搬腿。

抠——用指深掐五官等要害部位，有抠眼、抠鼻、抠腮、掐肩、挖海等招数。

托——紧握肢体一端，反关节用力上托，如托肘。

点——进攻穴道，有死穴、晕穴、哑门穴等。

别——利用杠杆作用施加力，如抓腕、别臂等。

三十四、地趟拳

地趟拳也叫地躺拳、地蹚拳或地功拳。戚继光在《拳经》中所说的"千跌张之跌"即此术。据《宁波府志》记载，内家拳有"七十二跌"。地趟拳多用长拳或短打架势，内容大部以跌扑、滚翻等攻防性较强的技巧动作为中心编成套路。醉拳、八仙拳属此类拳术。器械有滚蹚刀、醉剑等。

新中国成立前在青岛教授此拳的有李忠仙、其子李振邦，以及张志勤、郝清桂等，新中国成立后邵善康等擅长此拳（图32）。

地趟拳主要有下列动作。

前滚——用于脱过对方来械，前滚下砸其械，是所谓"险里求生"的招数。

刺剑——向对手方向滑跳倒卧，用腿把对方夹住再侧滚。

乌龙绞柱——上体滚动时，两腿在空中剪

脚，沿圆形连续进行。

球滚——双腿盘坐，两手抱两足，体侧触地滚动。

翻身楔——单手直臂支撑，全身倒立，用身体向对方摔砸击打。

挺尸——两脚蹬地，跳起，在空中仰身平衡，两腿蹬直为七路。

图32 地趟拳（依邵善康拳照）

三十五、醉拳

卫武公刺幽王时就已有了模仿酒醉后跌跌撞撞、摇摇摆摆的醉舞（见《古今合璧事类备要》卷十二），以后被武术吸收其醉态，并与技击方法紧密结合，逐渐形成了醉拳。醉拳是象形拳的一种。

醉拳在形上要求头如波浪、拳如流星、腰似摆柳、脚成碎步走"人"字形，在跌撞摇摆的醉态中要求形醉而心不醉，并表现出闪展腾挪、虚守突走、逢击而避、乘隙而入等击法。因此，眼法有视、瞧、觑、飘；手法有点、盖、劈、摘、刁、拿、采、扣；身法有挨撞、肘靠；腿法有楔腿、蹬扑及勾、挂、盘、剪、提、弹、缠等，以及小翘、点腿等。跌扑滚翻动作有鹞子翻身、小翻、拨浪子、单提、松腰提、鲤鱼打挺、抢背、扑虎、窜毛、盘叉、硅子、乌龙绞柱等。用以上这些动作组成的醉拳有"太白醉酒""武松醉跌""鲁智深醉打山门""醉八仙"等套路。新中国成立前，张景福的"醉八仙"较有名气。

"醉八仙"是模仿民间传说的8个仙人（即汉钟离、张果老、韩湘子、铁拐李、曹国舅、吕洞宾、蓝采和、何仙姑）而编成的套路，既可单练，也可对练。对练项目有"醉汉擒猴"等。腿法有楔腿、蹬扑、小翘、点腿。手法以掌为主（图33）。

图33　醉拳（依牛怀禄拳照）

三十六、猴拳

在《尚书》里把模仿各种动物形象或动作的舞称为"百兽舞"，以后和技击方法结合就逐渐形成象形拳术。猴拳就是象形拳的一种。

早在汉代就有"猕猴舞"。西汉的长信少府（官名）檀长卿就曾在一个盛大宴会上，乘酒酣之际表演了这种技艺。

湖南长沙马王堆三号汉墓出土的导引图上就有"沐猴灌"的名目和图像。这正是古代猴拳，它生动地再现了猴类的机灵动作和谐谑性格，具有引人入胜的表演技巧。

到了明代，戚继光在《纪效新书·拳经捷要》中也记载"宋太祖有三十二势。长拳，又有六步拳、猴拳"，可见当时猴拳在民间极有影响，是一个重要拳种。明代王士性在《嵩游记》中还生动地描述了所见猴拳的技艺："下山再宿，武僧又各来以技献拳，棍搏击如飞，他教师所束手。视中有为猴击者，盘旋踔跃宛然一猴也。""猴击"有猴子的形象，还有手法和腿法。

明代郑若曾在《江南经略》中也说有"猴拳三十六路"，可见猴拳当时已发展到一定规模。清末陕西三原县人高山，外号"鹞子高三（山）"，专练猴拳。特别是孙恒的猴拳更著称于世。

近代，猴拳也有很大发展，特别是在新中国成立后历次全国武术盛会上都有猴拳项目，表演者的精彩技艺都获得了好评（图34）。

猴拳在发展过程中，由于地区、师授、练习者个人特点等不同而形成了不同的技术风格，但在眼神、身、手、步等方面都要求做到刚、柔、轻、灵、绵、巧、躲、闪、神、束，抓、甩、采、切、刁、拿、扣、顶、缠、蹬、踹、弹等。其中，前10字指的是整个动作要神视意达、脆快有力、刚柔相间、轻灵敏捷，中间的8字指的是手法，后4字指的是腿法。

猴形动作有猿猴窥望、惊猴逃窜、白猿出洞、白猿摘桃、白猿蹲坐、白猿献果、白猿跳跃、白猿蹬枝、白猿旋转、白猿吊藤、白猿叼

图34 猴拳（依肖应鹏拳照）

棒、白猿躲闪、白猿入洞等。避重侧进、神速先夺为其技击的指导思想。

近代猴拳多以套路的形式组成，绝大部分贯串一定的情节，如出洞、窥望、看桃、攀登、摘桃、蹬枝、藏桃、蹲坐、吃桃、喜乐、惊窜、入洞等。有的为了增加健身及表演效果而编入一些跌扑滚翻动作，如抢背（前滚翻或腾空前滚翻）、倒毛（后滚翻）、竖蜻蜓（倒立）、按头（头手翻）、鲤鱼打挺（蹬还起）、拨浪子（侧重翻）、旋子等。

练猴拳必须做到形象、意真、法密、步轻、身活，这是猴拳的基本要求。

形象　在身法上模仿猴子耸肩、缩颈、圆背、缩身的身形及弯肘、垂腕、屈膝等。步法采用轻巧、灵活的脚尖步、小跳步等，以模拟猴形。

意真　猴拳不是猴舞，因此必须要像其形而取其意，吸取猴子机智敏捷的特点。譬如"看"，这是一个很平常的动作，可是在猴拳里面就不是一般的看，它叫作"视"，要用双目盯视一物，要能显示出内在精神，好像怕物逃走似的，要在机灵中含有警惕的精神。其他如在表演武术的过程中，也同样要带有攻防意识，要有敌情观念，否则会使人感到神散意失，不够逼真。

法密　指的是方法要密集连贯，在表演艺术上要表现出有动有静、有起伏、有节奏，在攻防方法运用上强调进攻的组合动作合理，一组至少由三四个招式组成。举例来说，假设对方用右手冲拳奔胸部打来，我首先向左躲闪，同时用右手刁拿对方手腕，同时以左手横切对方的右肘关节。根据对方的反应，如对方重心前移，这一手法就成功；如对方后移撤步，我必须用第二个手法"顶腕"，即随着对方撤步，我进步以右腕顶击对方的胸口；如不成功，立即以第三个手法——右腕上甩以击对方下颌，同时右提膝击对方裆部，距离稍远的话，也可用弹踢击对方裆部。总之，不给对方喘息的机会，连续进攻，以达到取胜的目的。

步轻　在表演艺术上，无论跳跃、爬走或足尖走等，都要轻巧灵活。在攻防方法上，不仅要轻巧，进退、左右移动使之觉察不到，而且要快速，做到身、手、步三者并进，速度非常快，等对方发觉时指法已到。

身活　身法灵活，才能做到起伏、展束、绵巧、躲闪等。

三十七、鹰爪拳

鹰爪拳脱胎于翻子拳，是在翻子拳的劲力、身法、手法基础上，仿效鹰的形态和击法而创出的拳术，故名。

据传说，鹰爪拳源于河北雄县，创始人系清人刘士俊（河北雄县孤庄头人）。刘少时家贫，以卖烤烟为生，性爱武术，后遇僧人法成和尚比武失利后，拜法成为师，学有岳氏连拳、三步枪、五步枪、鹞子枪、颠串枪、缠枪等。3年艺成后，刘又向法成和尚的师兄道济和尚学艺，学有少林拳、大小绵掌等。之后，他又拜师访友，名遂大振，被誉为"雄县刘"。后到北京任护驾军机营教习，传有刘德宽、纪二、纪三、李振声等。刘德宽传刘承发。刘承发传刘思俊。在传到陈子正时，把岳氏连拳和翻子拳融为一体，后又把鹰爪融合进去，形成鹰爪翻子拳，陈子正在精武体育会曾广为传播此拳，后盛行于南京、武汉、海南、香港等地。

鹰爪拳的特点是"出拳掌打，回手鹰爪，拳密如雨，脆快似鞭"，故其手形似鹰爪（第二、三指节弯曲，手背后张），手法有抓、打、掐、拿、翻、崩、靠，动作有晨鸾展翅、雄鹰捕食、鹰击长空等。套路有鹰爪拳、鹰爪连拳、鹰爪行拳等（图35）。

图35　鹰爪拳（依徐向东拳照）

鹰爪拳发展参考表

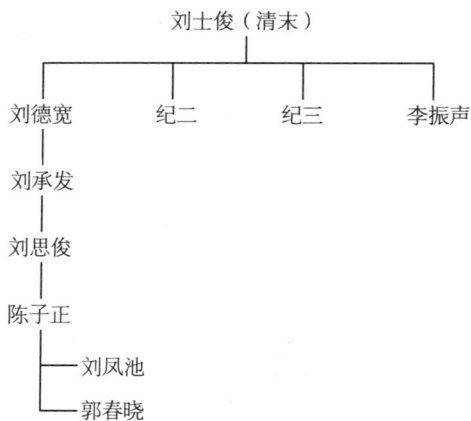

```
              刘士俊（清末）
        ┌────────┼────────┬────────┐
      刘德宽      纪二      纪三     李振声
        │
      刘承发
        │
      刘思俊
        │
      陈子正
        ├── 刘凤池
        └── 郭春晓
```

三十八、鸭形拳

据传说，唐末四川峨眉山有位陆雅（绿鸭）道人，他放养一群鸭子，经多年观察、模仿，结合武术特点编成了鸭形拳。但此说查无凭据。鸭形拳实际上是天津李恩贵在新中国成立后自编的，曾在1953年全国民族形式体育表演及竞赛大会上表演过。李恩贵在清末向辽宁营口德胜镖局的曹希顺学过武术，他参照多年观察的寒鸭出水、入水、争食搏斗、刷毛、抖毛等动作而编成鸭形拳。由于李恩贵把鸭的动作的细微末节表现得淋漓尽致，所以他为象形拳增添了一枝新花。

鸭形拳手型有拳掌勾，步型有弓步、虚步，手法除搂、勾之外，以掌法为主。掌法有托、插、穿、摆、掖、掷，步法有行步、拖步、击步、盖步、撵转步等（图36）。

鸭形拳演练时，要求两臂甩动自然，两腿和

脚蹬撩踢动，身体前后左右摆晃，使身体各部位
都能得到锻炼。

图36 鸭形拳（依周明德拳照）

三十九、蛇拳

蛇拳原是少林金刚禅师自然门的护山拳，共有7路，在寺僧中传授，后由静悟禅师传智源。智源在1979年广西南宁举办的全国武术交流大会上表演过，又先后传给浙江沈素娟、张小燕。

蛇拳是七拳[①]之一，以练柔为主，模拟蛇的各种动作形象，富有技击内容，讲究周身蓄劲，根据含机蓄势，处处可发，外柔内刚，开合得宜，内外兼修。

蛇拳要求上体松活，下肢步活桩实，有弓步、跪步、丁步、独立步、麒麟步等；手法有穿、插、按、劈、钻、庄、挑、崩、冲、劈、勾等。拳谱规定，实战时，"身要颤，步要转，二手忽闪神要战。圈绕步，步潜身，用指抢喉快为准，龙戏珠掌插肋，勾手啄人勾顶击，脚尖点，虎爪进，急来便应巧柔还"。发劲时伴以"呵、哈、咝"等发声，以壮势。主要动作有金蛇陆起、白蛇吐芯、风蛇绕树、毒蛇喷沫、角蛇应尾、怪蟒出穴、巨蟒翻身等（图37）。

图37 蛇拳（依张小燕拳照）

注释：

①七拳为龙拳、狮拳、虎拳、豹拳、蛇拳、鹤拳、雕拳，有"龙拳练神、狮拳练势、虎拳练骨、豹拳练力、蛇拳练柔、鹤拳练精、雕拳练飞"之说。

四十、螳螂拳

螳螂拳相传系明末清初山东即墨反清复明义士王朗创编。王朗幼时好武，曾到河南少林寺学艺，后因清兵焚烧少林寺，王乃去往峨眉山、昆仑山，到各地寻师访友，遍历数省后回山东。他虽苦练武艺，但因身材矮小，与师兄弟角技屡被击败，后在密林深处，偶见螳螂捕蝉，有所悟。他见螳螂双臂攻防有度，长短兼施，擒纵得法，颇有所获，故捕螳螂回寺，以草秆戏之，乃悟出黏、粘、崩、扎、闪、勾、搂、刁、采、封、刀等技法。他苦练三载，遂成一家，后又与师兄弟比武，技高一招。经反复提炼，其手法吸取了螳螂前臂的动作，后又把猴子的移动法吸收为步法，取名为"猿猴步"。在清《少林衣钵真传》手抄本整理的18门派拳法中就有"王朗的螳螂"的记载。

清代康熙、雍正年间，山东鲍光英以梅花螳

螂拳著称于世。

新中国成立前，螳螂名家有河北沧县杨春霖（字兰圃）、杨清瑞（字详斋），还有山东招远市人魏三、山东招远市人林世春（传丁志诚、张祥丕等），有山东莱阳人姜化龙（传曹作厚、罗光玉、李昆山），有山东栖霞市人卫笑堂、山东烟台人王松亭等。

螳螂拳在传授过程中逐步形成了许多流派，如秘门螳螂、八步螳螂、梅花螳螂、摔手螳螂、六合螳螂、光板螳螂、玉环螳螂，以及硬螳螂等。

螳螂拳有"取螳螂特长之意"，在精神上取螳螂临危不惧、勇往直前的神态，手法上则吸收其巧妙、快速地运用两个前臂当"刀斧"进行突袭的动作，身法上则取其踏实、稳固及前后左右闪展腾挪的突跃动作。

螳螂拳采用勾手。技法有勾、搂、刁、采、封、刀等动作。用勾顶击打称为"秘肘"，用法有撩、弹、圈、盖等。由这些技法组成的动作有螳螂斩腰、梨花摆头、磨盘手、织女穿针等柔手，有翻车辘轳捶、崩捶闭门腿等长攻远击及螳螂捕蝉、螳螂上树等猛攻硬击法，也有猿猴的动作，如高山望风、猿猴蹬枝等。

螳螂拳传递系统表

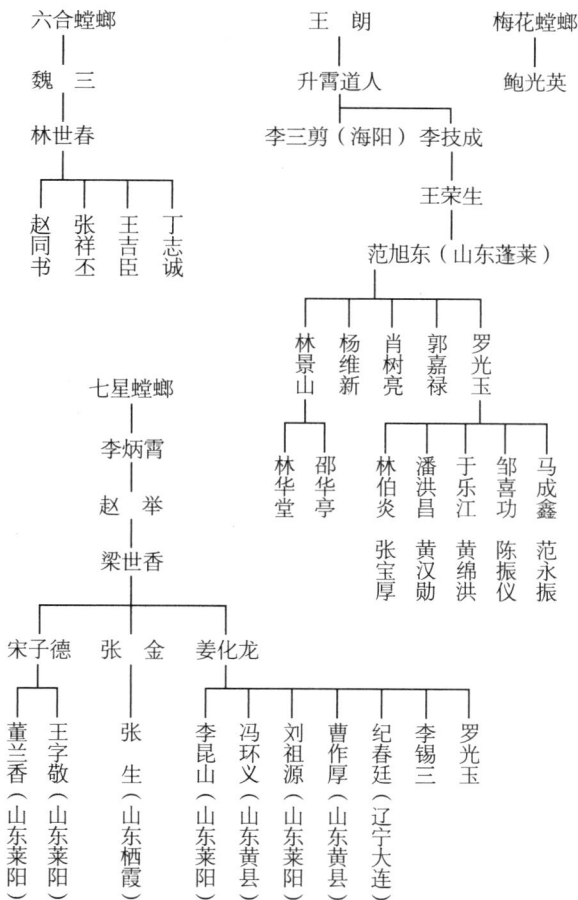

六合螳螂
魏三 → 林世春 → 赵同书、张祥丕、王吉臣、丁志诚

王朗
升霄道人 → 李三剪（海阳）、李技成
李技成 → 王荣生 → 范旭东（山东蓬莱）
范旭东 → 林景山、杨维新、肖树亮、郭嘉禄、罗光玉
- 林景山 → 林华堂
- 杨维新 → 邵华亭
- 肖树亮 → 林伯炎 → 张宝厚
- 郭嘉禄 → 潘洪昌 → 黄汉勋
- 于乐江 → 黄绵洪
- 邹喜功 → 陈振仪
- 罗光玉 → 马成鑫 → 范永振

梅花螳螂
鲍光英

七星螳螂
李炳霄 → 赵举 → 梁世香 → 宋子德、张金、姜化龙
- 宋子德 → 董兰香（山东莱阳）、王字敬（山东莱阳）
- 张金 → 张生（山东栖霞）
- 姜化龙 → 李昆山（山东莱阳）、冯环义（山东黄县）、刘祖源（山东莱阳）、曹作厚（山东黄县）、纪春廷（辽宁大连）、李锡三、罗光玉

螳螂拳发力时要求腰身、手臂晃动与颠抖，以达到快与猛，但有时也用柔劲。总的要求是力法上要刚、柔、脆、快而不乱，因此劲道上讲究转环劲、缠抖劲、绞丝劲等。

套路演练要求枝摇根固，只动腰，不走胯，在气势上式快招连、一招几变（图38）。

图38　螳螂拳（依于海拳照）

螳螂拳各门类的特点

门类	特点	备注
秘门螳螂	重短打低架，分身八肘拳为其特有功夫。	"摘要"是从螳螂拳各派中摘取的精华而编成的套路。
八步螳螂	重贴靠粘黏，含手八卦、形意的手法。	
梅花螳螂	梅花绞丝为其独创的手法。	
七星螳螂	重闪转腾挪，以螳螂手为特色。	
摔手螳螂	多取侧面反手甩出，用掌背击之。	
六合螳螂	动作尚柔，其劲悠长。	
光板螳螂	掌形五指紧扣，全掌如板。	
玉环螳螂	注重玉环步之运用。	
硬螳螂	手法较重，刚劲有力。	

四十一、四川地方拳

　　四川峨眉山是我国佛教四大名山之一。山上寺僧在早晚参禅念佛之余，常弄枪使棒、踢腿、练拳。寺僧练武吸收了四川地方拳术的特点，并逐渐形成了峨眉派拳系。

　　峨眉派拳系是四川土生土长的拳术，远在明代唐顺之的《峨眉道人拳歌》中就有记载，并且已经形成了完整的套路形式。该拳歌中写道："忽然竖发一顿足，崖石迸裂惊砂走。去来星女掷灵梭，天矫天魔翻翠袖……番身直指日车停，缩首斜钻针眼透。百折连腰尽无骨，一撒通身皆是手。……余奇未竟已收场，鼻息无声神气守。道人变化固不测，跳上蒲团如木偶。"（见《荆川先生文集》）这既记叙了从起势到收势的全过程，又从劲力、身法、击法、呼吸、节奏等各个侧面做了生动描述，说明早在明代峨眉拳已引起人们重视。

明遗民吴殳于康熙元年（1662）撰写的武术专著《手臂录》中还附了程真如的峨眉枪法，其中包括治心、治身、宜静、宜动、攻守、审势、形势、戒谨、倒手、扎法、破诸器、身手法、总要等内容，丰富了峨眉派的理论。

峨眉派拳系的内容十分广泛，在武林中占有重要位置。几经相传，至清嘉庆年间，四川荣昌、隆昌两县交界处的黄林僧传泸州人刘教古，刘传给在少林寺出家的隆昌人刘松云，云传钟润生，钟传今人钟方汉，并在成都一带广为传播。今日的峨眉拳纯属四川南拳，共3套练法：第一套系蹬桩（练腿法与步法）；第二套为四平，分上、中、下3盘练桩法；第三套即火龙拳（图39）套路（练手法、打法）和对抗形式散打。

峨眉拳系的主要步型有虚步、长山步（错步），主要步法有蛇形步（“之”字形步）、箭步（换跳步）、兔子步（前脚统一步，后脚跨跳一步，前脚再前上一步，是三步连在一起的步法）、梭步、两并步等。身法要求波浪似蛇，用吞、吐、浮、沉、腾、闪、钻等来表现蛇拳练柔的特点，发劲时以身带臂。击法有关、点、盘、提4种，特点是动作小、变化大，以柔克刚，借

图39　火龙拳（依付尚勋拳照）

力使力，以窃打人，攻防时多以一臂滚压来拳之后，顺势前钻借力反击。致命的打法有点穴法、断骨法。

四川南拳的另一支余门拳系余氏祖传的拳术，在成都龙泉山丘陵一带广为流行。清末，余发哉及其子余鼎三精此拳术。此拳的特点是手法多变，迅猛遒劲，以刚著称。身形是含胸拔背，沉肩垂肘，护身紧逼，气沉丹田。动作以手法为主，手脚齐出，用劲短而刚。余发哉为了检验武艺，曾在1918年到成都青羊宫参加打擂获得金牌。该拳打法奇特，内江的余森扬继承了这套拳术。

四川的白眉拳是由峨眉道人传授的，特点是刚强凶猛，连贯性强，活动范围大。其拳法有冲拳、鞭拳、双撞拳、千字箭拳。桥法有碎桥、钻桥、刹桥、封桥等。腿法有同影侧踢（撑鸡脚）、蹬脚等。主要套路有小十字、大十字、三门八卦、十八摩桥功及猛虎出林等。此拳除在四川流行外，广东、香港、澳门等地也较流行。

峨眉派的各种拳术均讲究8字进攻法则，即探、随、逼、骗、顶、闪、让、打。探，是用引手弄清虚实。随，是利用时间差，撤拳或撤腿必打。逼，是连续进攻，层层紧迫。骗，是真假虚实，声东击西，指上打下。顶，是对方欲动时立即阻挡其发劲。闪，是闪躲，使击打落空。让，是走偏门，不正面打击。打，是抓住时机主动进攻。以上8字进攻法则，依对方行动而交替运用，使对方被动挨打。

除峨眉拳系外，四川流行的拳术中影响较大的还有所谓的僧、赵、杜、岳四大家。考其渊源，多系外地传来的拳术，后在四川扎根生长，流行于民间。

僧，指僧家。清抄本《少林打真本》载："根宗出在福建台湾府"，"邓金义前在少林寺真传与楚南先生，先生回楚，又传与邹高炳、张成虎，二人把守台湾处"，广为传播。僧门除在台湾流行外，也传至湖北。农民领袖张献忠在米脂起义后，号称"八大王"，后取武昌，下湖南，入四川，会僧门拳术之人也随起义军流散于沿途各地。有个叫曾五的人来川卖笔墨，来在简州龙泉寺内，与庙中练拳之人交手，功夫高超，被当地孙草药看中，接至家中，几年后，功夫到手。孙草药在省城（指成都）东门外牛王庙侧开草药铺一间，有梨花街翠花铺苏三爷（当时岳门最高手）拜孙为师，苏又传给针铺匠人蔺先生。同治八年（1869），蔺传刘鸿升，刘鸿升传其长子刘备之，另外还传其女刘四贞及陈海庭。

僧门练有南拳、大练、缠丝、单边、六同、虎豹等套路，以及徒手打法、诸穴打法、空手破器械打法。僧门的特点是巧、快、灵、动。

四大家之一的赵，系伪托赵匡胤，练有少林红拳，所以称"红门"，有"赵匡胤三十二手定天下"之说，多用的手法有总手、封手、金刚手等。

红拳以"西家拳"名称见于《小知录》，其后在乾隆年间，陕西人宋朝佐、凤翔师及耀州人郭崇志以红拳著称。道光、咸丰年间，陕西关中并出"三三"，即"鹞子高三"、临潼"黑虎邢三"、潼关城"饿虎苏三"，此3人把红拳"西传甘凉、流宁，南跨秦巴到川楚，北出榆关，东至晋中"。与"鹞子高三"来川传播红拳的有甘肃回族人张天福。张在光绪初年带学生马黑子进川在彭县设武棚，专授北派红门拳。几年后，张天福死于彭县，马黑子到成都设武棚教徒，并兼任成都清军十营总教师，因其腿法别致，人称"神腿"，其徒马镇江得其技，传陈大章、胡子文等。传授的拳有大红、小红、二路红、燕青红、关东红、大八仙、四点红、梅花拳等。

四大家之一的杜，指杜观印，系江西人，乾隆年间卖笔入川。此人练八大擒拿，不练套路，而是即兴舞练，故称"自然门"。练功方法有打沙袋、麻圈（练擒拿，练手法）、滚筒（操打）、草龙桩（靠打）。

四大家之一的岳，系伪托岳飞所创，其特点是矮桩，手法"不划圆不成拳"。套路有连成、黑虎连、六字连等，功法有白猿盗桃、九滚十八跌等。

除上述四大家外，还有字门拳。湖北汉阳单回人李国操在民国八年（1919）进川教字门拳。套路有童子功、定字功、大练步、小练步、武松手、洪门手、六字手等。此拳的特点是动作起伏大、腿法少，有的出拳时用鼻发声，收势时摆成一"字"形，故名字门拳。

化门拳系江西人黄吉川所传，他传有缠丝闭手（缠闭门），四川流行的蚕闭门拳种——三十六闭手就是化门的重要拳术。所谓"蚕"，即行拳时如蚕之吐丝，绵绵不断。所谓"闭"，是应敌时封敌手。此拳方法变化多样，攻防严密，腿法、手法齐备。三十六闭手（图40）又名天罡手，在四川广为流传。重庆流行的天罡星三十六式、川北门丁家三十六闭手，仅有36个动作。岳池境内流行的又不止三十六手，广安悦来场马家所传的则是三十六式。每式不是一个动作，而是攻防性较强的一组手法，具有远踢近膝、远手近肘的特点。此拳打、拿、跌三法具备。

洪门拳相传系借"洪武"年号而命名的，在四川广泛流传，动作为手脚并重，刚劲有力，套路有大洪、小洪等。

慧门拳的功架似字门拳，主张"观师默像"。此拳已近失传。

图40 三十六闭手（依赵子虬拳照）

四十二、湖北地方拳

湖北地方拳有洪门拳、孔门拳、鱼门拳、引新门拳、六合图拳（系湖南传入）等。

根据湖北省体委的南拳资料，湖北南拳有下列拳种。

洪门拳系，是由四川传入的，并受武当影响，拳名有老君堂、九宫手等。此拳发力时发声，声有"嘎、吱、唔、嘿、哈"，以发声助发力。主要套路有总手、封手、洪门手、金刚手、青龙手、八大手、九宫手、十字手、老君堂、出海和盘脚。练习方法有站桩法、练步法、练气法、练力法，还有作为实战的斗游手。

鱼门拳，发源于湖北咸宁。据传说，明末清初在咸宁龙潭山有戈、何、钟、董、卓、文6友，文武兼备，常游泉山金风峡，见湖中游鱼追逐变化，在渔夫撒网用力之际有所启发，遂创鱼门拳，又名六合拳或六家艺。

此拳要求做到含胸拔背，沉肩垂肘，松腰坐胯，刚柔相济，快慢相间，轻沉自然，连绵不断。吴志清在《太极正宗》中写道："所谓鱼门拳者，架式十二路，用法与太极尤相类，亦有两人推手之法。……练时亦贵慢，贵不用力，发力时讲求'松''合''冲'，也称'垮台力'，讲究头、肩、肘、胯、臂'五峰'发力。套路有'六合长拳''六合''八阵图''八卦番''游场'等。"

孔门拳，源于湖北大冶，流传于武汉一带。相传清初时有胡铁镰，自幼臂力过人，因打擂失败，外出访师寻友，武艺大进，成名师，返回乡里传授拳术，因学孔子传六艺，取名孔门拳。

孔门拳姿势要求头顶、颈直、曲臂、松肩、龟背、溜臀、趾落膝跪；动作要求柔而不松，阴劲发力，多跌扑滚翻，如仙人晒网、鲤鱼打挺、乌龙绞柱等。套路有龙式、虎式、风式、云燕、龙虎斗、虎占山、逼龙珠、老粗出洞、二人折等。

四十三、广东南拳

　　广东南拳的拳种浩繁，最著名的有五大名家，即洪、刘、蔡、李、莫。但在清末，刘、李的拳法已近失传。据传说，福建少林寺僧初助清廷有功，后又为清廷所忌，派兵焚寺，僧逃于两粤，五僧遂成拳术名家。

　　根据广东省体委的南拳资料，广东南拳主要有下列拳种。

　　洪拳　系清代乾隆年间，福建省闽南潭州茶商洪熙官所创，是南拳中较大门派，后传入广东，流行于广州花县、赤泥、白泥一带，相传历代洪拳的代表性人物有洪文定、陆亚彩、觉固禅师、铁桥三、林福成、黄泰、黄麒英、黄飞鸿、林世荣等。

　　洪拳的特点是步稳、势烈、以气催力、以发声吐气来助发力，有"洪家为刚"之说。技法上要求"头来用头消，脚来用脚破，横挣来掂挣送，直挣来横挣消"，"逢挣必要以挣消挣"，还主张"桥来桥上过，马来马发标"，"万法以穿桥为主"。因此，发劲时鼓全身之气，运四肢之力，以丹田之气直冲而出，发声助势。手法不同，发声也各异："柔、寸"两桥手发声时，欣喜欢笑吐出浊气；"刚、迫、分、制、钉"5种桥手作盛怒的呼声，"定、提、流"3种桥手作斥哀声；鹤形时发"呼"的鹤声，虎形时发"呼哗"的虎啸声等。

洪拳身形要求做到含胸、塌腰、收腹、沉肩、沉桥，以利发劲含蓄。洪拳多桥法和檀标手。手型有拳（包括凤眼拳）、掌指爪（鹤嘴、虎爪、龙爪）等。手法有沉桥、圈桥、缠桥、插掌、截桥、封桥和劈拳。步型有大、小四平马及三角马、前弓后顶、子午马、吊马，步法有铲马、偷马和麒麟马等。套路有五行拳法，即金拳、夹木拳、水浪拳、火箭拳、土地拳。此外，还有以形为拳的，如龙、蛇、虎、豹、鹤、狮、象、马、猴、彪十大象形拳。虎形有回头虎、侧面虎、车马虎、隐山虎，鹤形有饱鹤、饿鹤、独脚飞鹤等。

刘家拳 广东下四府人刘生（绰号"刘三

眼")所授，多流行于琼州、雷州、廉州、高州等地。但也有人说是刘青山所创。

此拳特点是进退快速、左防右攻、攻守兼备、灵活多变，动作有短桥、短马，要做到"腰腹中拦防贯顶"。步法多为吊马、拉马，间有跳跃动作，步走四面，拳打八方。运动路线多变，手法近似洪拳，但马步跳跃与洪拳大不相同。

蔡拳　相传系福建少林寺和尚蔡伯达、蔡九仪所创，后由和尚蔡福传至广东，流行于广东中山市南朗、大冲、三乡、从化和增城等地。蔡拳名手有广东番禺人蔡展光等。

蔡拳包括十字拳、大运天、小运天、天边雁、柳碎梅、两仪四象拳等。蔡拳的特点是不拘形式，暗中出手，突然袭击，以短打为主，沉肘护夹，发短劲，刚中有柔。步法以三角马为多，撞手左马，左马则右攻，右马则左攻。前弓脚尖内扣，后箭膝微屈，坚实稳固，移动灵活。手法以凤眼拳为主。腿法多正踢，攻时连续进攻，垫步而上，防时则退步侧身闪或连消带打。在移动中拳打脚踢。

李拳　据传说系福建少林寺和尚李锡开所创，新会李有山（绰号"金刚李胡子"）传授，也有人说系惠州李应辉所创，流行于广东中山市河源、高州、老隆等地。

李拳的特点是长桥大马，侧身闪步，出拳快，收拳快，以长桥手、抛、钉、插为主要手法，多用平击方法。步法有四平马、弓箭步、吊马（多用）、拐步和扭步。身形分单边身和侧身。桥法有圈桥、盘桥。步法有绕步、小步，多跳跃，擅腿法。肩关节活动幅度大，下肢进退灵活，有"李家拳、蔡家马"互为使用之说。此拳与客家拳的李家教不同。

莫拳 相传是福建少林寺至善禅师所创，传至海丰县莫蔗咬，后传至莫清骄、莫隐林（即莫飞龙）。另说是莫达士所授，也有人说系从蔡九仪学后所创。

莫拳流行于广东东莞、顺德、新会和广州等地，套路有莫家正宗拳、桩拳、三支笔、碎手、双龙出海和直势等。其特点是侧身，斜肩，吊马，左桥右马，沉肩落膊。拳法有牛角拳、十字拳。手法有速消手、玲珑手、三角手和板柳手。步法为吊马、高马、三七步和拉马。腿法有"七假一真"之说，有撑鸡脚、虎尾腿、凌空双侧踹。身形以侧身、斜肩和左桥右单支为主。

广东南拳除洪、刘、蔡、李、莫5家之外，较有影响的还有下列拳种。

蔡李佛拳 系新会县京梅乡人陈享（陈典英）所创。陈生于1815年，幼年随叔父陈远护学习擅长掌法的佛家拳，长大后又拜新会县七堡人李友山为师，又随少林寺僧蔡福学拳。后来，他把莫家拳、李家拳、佛家拳取长补短，形成另一拳种——蔡李佛拳。

蔡李佛拳流行于广州、佛山等地，远播香港、澳门一带，共有49套拳。初级的有四门桥、走生马、小梅花、小十字、马轮槌、截虎拳。中级的有平拳、扣打、八卦心、大八卦、梅花八卦。高级的有虎形、鹤形、狮形、五行、十形、白摸、醉八仙、达亭八卦、雄人八卦、佛堂等。

蔡李佛拳的特点是快速，灵活，柔中带刚，左右开弓，步法多变。基本动作是穿、捞、挂、扫、插。拳、掌、桥为主要手法。拳有直冲、横冲、摸扫、斜扫、立扫。掌有攻掌、铲掌、抛托。桥有沉桥、截桥、攻桥、缠桥。步有弓、马、虚、拐、跪、撤、扭等动作。腿法有前踢、侧踢、横踩、后蹬、单飞腿、箭弹等。身法有探身、仰身、摆腰等。

虎鹤双形拳 系由南海平洲人林世荣根据洪拳、佛拳改编而成，有"洪头佛尾"之称，号称此拳能"以横克直，以弱借强，虎爪则如猛虎扑兽，鹤翅则如凌空出水"，流行于番禺、顺德、肇庆、广宁、怀集、广州及港澳、南洋一带（图41）。

图41 虎鹤双形拳（依赵教拳照）

整套动作有108点,内容是洪家桥马、佛家快打、洪家防卫、佛家攻势兼而有之。手型是拳、掌、指、爪、勾。手法有抛(钉)、极、撞、插。步法有步、弓、马、虚、跪、独立步和麒麟步。身形以平稳中正为主,收腹探身为助。拳势威武雄壮,出拳有力,步法落地生根。

咏春拳 系福建严建春、严三娘所创,一说是方永春所创,后来由福建少林寺至善和尚带到广州光孝寺,取名咏春,盛行于广州、顺德、肇庆等地,港澳亦流行。

内容有小稔头标子和寻桥三套拳,以上、中、下三榜手为基础。特点是二字钳马(护裆步),沉肩落膊,抱拳护胸。手型有凤眼拳、柳叶拳、挫手、撩手、三榜手、左右破非手、沉桥、黏打。步法有小四平马、三角弓、跪马、虚步、独立步和追马。身法采用闪身、贴身、紧迫快打、刚柔相济。

侠拳 也称侠家拳,据传是大侠李胡子从四川峨眉山带到广州来的,故名侠拳,流传于广州、顺德、海南等地,港澳亦流行。侠拳步稳、势烈,动作刚劲饱满,有饿虎扑食之威、猿鹤跳跃飞腾之势。

初级拳是小罗汉，中级拳是虎鹤双斗，高级拳是大罗汉。此外，还有侠家单刀和左手棍。特点是长桥大马，发长劲，直臂挥舞动作较多，拳势猛快，步高，力猛，以拳、掌、指、爪、勾、凤眼为基本手型。其基本手法有捵拳、鞭槌、抛槌、冲拳、虎爪、天罡手和独脚穿桥等。步型分弓步、横弓步、马步、虚步、开立步、跪步、扭马步、扑步、女字步（盖插步），步法有三角步、摆步、跳步、铲马。腿法有前蹬腿、后蹬腿、正踩、侧踩、横钉、侧踹、扫腿、斜飞腿、潭腿、飞踢。

佛家拳 据说从佛门传出，流行于广州、肇庆，内容有佛家太子剑、双飞蚨蚁、内家拳、金铲拳、小连环、大连环。手法有标、杠、割、沉、槌、封、拍、拴、拨、挣、挂槌、抛槌、劈槌和双关手等。手型有掌、爪、槌。腿法有卸马跪倒、叠倒、叠脚、上马飞脚、上马丁字桩。身法有转身、跪倒插掌。此拳特点是有刚有柔，阴劲发力，风格别致。

孔门拳 此拳主柔，清时已经出现，源于湖北黄陂，流传于武汉一带，后转入广州。

此拳包括云燕、龙狮、战山拳，特点是手

型、步法较多，直臂松肩，用阴劲，在接触击打面时，再用冲击之力。手法有凤眼、撤拳、换步滚掌、拨手冲拳、勾手冲拳、捞拳、边拳、砸拳、穿掌、鹰爪。腿法有旋风腿、扫堂腿、缠腰腿、连环腿、过梁、倒扫、转身、蹬腿，此外还有弓、马、虚等。动作挺拔刚劲。

南枝拳 据传系由福建少林寺南枝先生传于普宁，后传到澄海、汕头和潮州，包括拳术、大刀、铁尺、双钩、棍等。拳术有20多种，如猛虎出洞、四步拳、削竹拳、连环拳等。手型有凤眼、顶腕、单指、爪、拳、掌。步型有弓、马、吊马、扑步。腿法有跳跃、侧踢、收腿踢、踩腿。特点是气势壮、有刚劲、路线宽、步法活。

昆仑拳 从河南传到丰顺已有200年历史，特点是矫健、有力、快速，讲究8字诀，即"刁滑、凶猛、吞吐、浮沉"。手法有羌牙手、插手、龙虎手等，攻防结合，手脚并用，活动范围广。

刁家教 据传系从江西临江府传到梅县和兴宁等地，传授于刁家两兄弟，故名刁家教。其技术特点是以守为主，以攻为副，借力用力。套路有108个动作，由"口字、品字、金字、照字、镜字、穿扬、工字和井字"组成。口字，做准备及防守。照字、镜字用于上手虚晃，下手乘机进攻。穿扬，用于拨开对方，连消带打。

岳家教 伪托岳飞所创，100多年前从湖南传到梅县，名为"一盆珠"。其技术特点是以攻为主、守为副，攻守兼备，刚劲有力，重实用，左手虚，右手实，要求做到心趋、手趋、步趋。基本动作有开弓、拦手、狮子口、单鞭、直掌、削手、翻身手等。

朱家教 流行于兴宁，特点是手脚配合、动作连贯和迅猛，内容包括三步箭、单蛾、双拳、花拳、箭李拳和对拆。

练手拳和练步拳 系由黄啸侠所传，特点是高马步，讲力，一拳一招，稳扎稳打，吸收百家之长，自成一家。手法有冲、弹、斫、劈、扫、撇、勾。步法有退、上、落、摆、扭、闪、滑、三面步和梅花步等。此外，还有穿手冲拳和短打，有"铁臂鸳鸯手"之称（图42）。

图42　广东南拳（依邱建国拳照）

四十四、福建南拳

福建南拳主要流行于福建福州、厦门、泉州、漳州、永春、连城一带。福州有龙、虎、豹、蛇、鹤拳等五行拳和猴拳，有犬法、鸡法、狮法、鱼法、少林拳、梅花拳、罗汉拳、少林二十八步、少林三进、少林硬三进、二十八宿拳脚兼腿法等拳派。器械有四方刀、梅花刀、梅花棍、断门枪等。对练套路有罗汉对打、对箭、五步打、龙虎斗、三合十八打、单基十八折。

根据福建省体委的南拳资料，福建南拳主要有下列拳种。

鹤拳 在《技击余闻》中早有记载："方先生世培，福清之茶山人，练拳技二十年，法曰纵鹤，运气周其身，又聚周身之气，透双拳而出，出时作吼声，久久则并声而无之，但闻鼻息出入。"鹤拳计有4种：宗鹤（亦称宿鹤，长于听劲）、鸣鹤、飞鹤、食鹤（朝鹤，俗名痹鹤），均以气催力。宗鹤用气，宗为震或撞的意思，善于发全身劲，故鹤拳有五（头、肩、肘、胯、膝）撞，原为3步，现改为5步。鸣鹤用掌，发声动作如衔理羽毛状，鼻吸口呼，气从丹田发出，有明气与暗气之别。飞鹤属于走架，吸气上提似飞，用腿。食鹤用指，如啄食状，亦兼用脚，练习时手对脚称为"天地对"。手上讲五行，脚下有落地生根与不生根之分。

罗汉拳有108式，腿法有腾、滚、扫、弹，手法有格、迫、冲、闪、展、举、压、勾、抄、抛等。

少林基手又称桥手，有单基、双基之分。基又分长、中、短。双基有四六基，即一长一短。长基讲究防搭（擒）、防断（砸）、防崩（因势进身）。双手变化有蝙蝠手、翅膀手、蝴蝶手。发力有先进身后发力与先收后发之分。

福建厦门、泉州、漳州、晋江、龙溪等地流行的五祖鹤阳拳，相传为蔡亦明所创。蔡系晋江县五堂邦尾人，幼时习武，后有河南鹤阳师来晋江卖艺，蔡拜其为师。鹤死后，蔡送灵柩回河南，往返10年，沿途寻师访友，采各家之长，以白鹤、猴、罗汉、达尊、太祖拳为基础创此拳术。五祖鹤阳拳讲"摇身晃膀"，即在双手抖动的同时双肩快速抖动，使肩腰左右转动，发出一种弹劲。

五祖鹤阳拳主要包括三战、二十拳、挑闸、打四门、青风拳、连城拳、头扎、二扎、三扎、中管拳、千字打等套路。器械有开山斧、青龙大刀、双拐、鹤阳水火棍等。

晋江、永春地区盛行白鹤拳，至今东南亚一带仍保留传统练法。此拳系道光年间浙江拳师方掌光之女方七娘在少林拳基础上吸收鹤的动作而创造的。方七娘因婚后不睦，出家为尼，在福建永春县传白鹤拳法，门徒有颜起、颜和及同安叶严溪。

四十五、巫家拳

明代巫必达相传在福建少林寺学拳以后由南转北，于嘉靖间落户湖南湘潭，并授拳给刘、冯、李3家，约过三四代传到戴七牛（外号）。今人安子俊仍会此拳。

巫家拳的特点是行拳路线局限于很小范围，套路中的动作结构紧凑、架小，动作严紧，手法变化复杂，并有独特的身法。拳术朴实、稳健、明快。拳路运行呈半弧形，似太极拳曲中求直，先顺而后逆。技击方法讲究"贴身钻进，以静待动"，"紧不紧，紧心不紧身"，"进不进，进身不进手"。用劲讲究刚柔相济，发力时以身带手，力发腰背。

巫家拳有六路拳、六个肘法、八拳、十二掌及腿法。六个肘法是播肘、角肘、扁（平）肘、盖肘、摇肘、撞肘。掌有柳叶掌、切掌、推掌、内手掌。今拳法已不够八拳。

探力拳也属巫家拳术。

四十六、拦手

拦手以用各种手法拦截对方进击而得名。据传说，清初河南人郑某到天津访友未遇，流寓天津市河东区大直沽大王庙，传授拦手。天津傅采轩、刘万福等人精于此拳。傅采轩后落户于上海，直接传人有周元龙、何炳泉、叶小龙、秦中宝。

拦手技法讲究柔、缠、崩、挂、斩、拦、截、抱。拦手劲道讲究递旋劲，即每招每式均用旋转之劲，动作刚快有力，很有特色（图43）。

拦手手法有冲捶、横分、架打、遮打、捣打、掳打、撕掌、捶手、劈手、截手、摇手、三晃手等。腿法有连环腿、十字腿、轰腿、蹦踹腿等。其单式动作有泰山压顶、黑虎捣心、野狼刨沙、迎风穿袖、野猴摘心、翻身出水等招式。套路有操拳、翻拳、拦手、炮拳等4套。器械有拦门枪、一字枪、四平枪、六合大枪、五虎断门枪、六合单刀、拔步刀、万胜双刀、盘龙棍、六步剑、龙凤双剑等。

图43　拦手（依刘万福拳照）

出版说明

"新编历史小丛书"承自20世纪60年代吴晗策划的"中国历史小丛书",其中不少名家名作已经是垂之经典的作品,一些措辞亦有写作伊初的时代特征。为了保持其原有版本风貌,再版过程中不做现代汉语的规范化统一。读者阅读时亦可从中体会到语言变化的规律。

"新编历史小丛书"编委会

图书在版编目（CIP）数据

中国拳术 / 习云泰著 . — 北京：文津出版社，
2024.5
（新编历史小丛书）
ISBN 978-7-80554-901-9

Ⅰ. ①中… Ⅱ. ①习… Ⅲ. ①拳术—体育运动史—中
国—通俗读物 Ⅳ. ①G852.109-49

中国国家版本馆 CIP 数据核字（2024）第048527号

选题策划　陶宇辰
责任编辑　陶宇辰
责任营销　猫　娘
责任印制　燕雨萌

新编历史小丛书

中国拳术
ZHONGGUO QUANSHU

习云泰　著

出　　版　北京出版集团
　　　　　文津出版社
地　　址　北京北三环中路6号
邮　　编　100120
网　　址　www.bph.com.cn
总 发 行　北京伦洋图书出版有限公司
印　　刷　北京汇瑞嘉合文化发展有限公司
经　　销　新华书店
开　　本　880 毫米 ×1230 毫米　1/32
印　　张　5.5
字　　数　81 千字
版　　次　2024 年 5 月第 1 版
印　　次　2024 年 5 月第 1 次印刷
书　　号　ISBN 978-7-80554-901-9
定　　价　39.80 元

如有印装质量问题，由本社负责调换
质量监督电话　010-58572393